# Inhaltsverzeichnis

**Vorwort** ........................................................................................................ 4

**1. Neu anfangen – In der Klasse miteinander leben** ........................... 5-20
- 1.1 Wir lernen einander kennen ............................................................. 5-6
- 1.2 Was mir manchmal Angst macht ..................................................... 7-8
- 1.3 Gott hat mich bei meinem Namen gerufen ..................................... 9-10
- 1.4 Ich bin einmalig – Jeder ist anders ................................................. 11-14
- 1.5 Die Goldene Regel ........................................................................... 15-16
- 1.6 Welche Regeln sollen bei uns gelten? ............................................ 17-19
- 1.7 Wir sind eine Gemeinschaft ............................................................ 20

**2. Sich auf den Weg machen – Abraham und Sara** ............................. 21-45
- 2.1 Du, ich trau dir ................................................................................. 21-22
- 2.2 Warum verlässt Abraham seine Heimat? ....................................... 23-25
- 2.3 Abraham und Lot – Streit und Versöhnung ................................... 26-29
- 2.4 Wer einen Fremden aufnimmt… .................................................... 30-33
- 2.5 Abraham tritt für andere ein ........................................................... 34-36
- 2.6 Ängste, Fragen, Zweifel … und trotzdem hoffen ........................... 37-39
- 2.7 Grenzenloser Glaube ...................................................................... 40-42
- 2.8 Von Abraham Glauben lernen? ....................................................... 43-45

**3. Jesus von Nazaret – Wer war er wirklich?** ..................................... 46-77
- 3.1 Lauter Fragen – Wer war Jesus wirklich? ....................................... 46-48
- 3.2 Aufgewachsen in Nazaret ............................................................... 49-53
- 3.3 Jesus bringt Menschen zum Staunen ............................................. 54-56
- 3.4 Jesus geht auf Menschen zu .......................................................... 57-61
- 3.5 Jesus vertreibt die Händler aus dem Tempel ................................. 62-64
- 3.6 Jesus auf dem Leidensweg ............................................................ 65-71
- 3.7 Jesus stirbt am Kreuz ..................................................................... 72-73
- 3.8 Der Tag, an dem alles anders wurde ............................................. 74-77

**4. Feste und Feiern – Das Kirchenjahr** ................................................ 78-111
- 4.1 Feste als Höhepunkte ..................................................................... 78-81
- 4.2 Unser Leben sei ein Fest ................................................................ 82-84
- 4.3 Das Kirchenjahr zieht Kreise .......................................................... 85-88
- 4.4 Advent ............................................................................................. 89-91
- 4.5 Weihnachten ................................................................................... 92-96
- 4.6 Aschermittwoch und Fastenzeit ..................................................... 97-99
- 4.7 Die Karwoche .................................................................................. 100-103
- 4.8 Die Feier der Osternacht ................................................................ 104-107
- 4.9 Pfingsten ......................................................................................... 108-111

**5. Not hat viele Gesichter – bei uns und anderswo** ........................... 112-131
- 5.1 Not bei uns und anderswo ............................................................. 112-114
- 5.2 Jesus: Geh und handle ebenso! ..................................................... 115-119
- 5.3 Not in unserer Umgebung – z.B. Obdachlose ............................... 120-121
- 5.4 Shoban will anders leben, aber ...................................................... 122-124
- 5.5 Die „Dritte Welt" deckt uns den Tisch ........................................... 125-127
- 5.6 Kirche hilft – z.B. Misereor ............................................................. 128-131

**Bild- und Textquellenverzeichnis** ....................................................... 132-133

## Unterrichtsentwürfe sind wie …

Ausgearbeitete Stundenentwürfe mit Kopiervorlagen und Arbeitsblättern sind sehr beliebt und finden immer wieder große Zustimmung und Anerkennung.
Dennoch sollen einige Metaphern auf das richtige Verständnis dieser Stundenentwürfe aufmerksam machen.

## Stundenentwürfe sind wie …

**Aufwinde** … die Segelflugzeugen Flügel verleihen

**Bälle** … mit denen man spielen kann

**Blumensträuße** … man muss sie in einer Vase schön arrangieren

**Kostbarkeiten in einer Schatztruhe**

… man muss auswählen, womit man sich schmücken will

**Angefangene Sätze** … man muss sie zu Ende führen

**Stadtpläne** … man muss eine Adresse haben, um den Weg zu finden

**Bäume** … man muss sie immer wieder beschneiden

**Glatte Wasseroberflächen** … man muss die Untiefen erkennen

## 1.1 Wir lernen einander kennen

### Kompetenz
Die ersten Stunden dienen dem Kennenlernen in der neuen Klasse.

### Vorbereitung
L[1] lässt die Tische und Stühle an den Rand schieben, damit in der Mitte möglichst viel freier Platz ist.

### Einstieg
- L[1] bringt ein Wollknäuel mit und lädt Sch[2] ein, sich im Kreis aufzustellen.
- L hält den Faden fest, nennt den Sch, dem er das Wollknäuel zuwerfen will, und wirft das Knäuel weiter. Das Wollknäuel wird von Sch zu Sch geworfen, sodass ein Netz entsteht. Die Sch nennen dabei ihren Namen und ihr Lieblingshobby.
- L und Sch deuten das Netz:
  - Wir hängen alle an einem Netz – am selben Netz.
  - Alle gehören dazu.
  - Keiner darf loslassen.
  - Ein Netz braucht eine gute Spannung.
  - Ein lasches Netz trägt nicht gut …
  
  Danach legen die Sch das Wollknäuel-Netz vorsichtig auf den Boden.

### Begegnung
- L: „Um ein stabiles Netz bilden zu können, müssen wir mehr voneinander wissen. Damit ihr euch möglichst schnell kennenlernt, spielen wir das Spiel *Konzentrische Kreise*. Bildet einen Innen- und Außenkreis!"
- L spielt Musik ein und legt Folie (**B1**) auf.
- L: „Solange die Musik läuft, gehen Innen- und Außenkreis in die entgegengesetzte Richtung. Wenn sie ausgeschaltet wird, bleibt ihr stehen. Jetzt steht ihr einem Sch gegenüber, mit dem/der ihr euch unterhalten könnt. Aus dem Fragenkatalog auf der Folie (**B1**) könnt ihr ein paar Tipps dazu entnehmen. Wenn die Musik wieder läuft, geht ihr im Kreis weiter. Beim nächsten Musikstopp könnt ihr dann eine weitere Person interviewen. So lernt ihr sehr schnell eure Mitschüler kennen."
- Das Wollknäuel-Netz wird als Symbol an die Pinnwand gehängt.

### Ausklang
- Lied: Volltreffer

### Hausaufgabe
- Sch schreiben sich ein paar Antworten von Mitschülern auf, die sie sich gemerkt haben.
- Sch zeichnen mit einem Farbstift auf dem nachfolgenden AB[3] das Netz ein, das in der Stunde geknüpft wurde.

**B1**

### „Konzentrische Kreise"
- Was hast du heute zum Frühstück gegessen?
- Womit beschäftigst du dich am liebsten in der Freizeit?
- Was würdest du tun, wenn du 500 € bekämst?
- Sage deinem/r Mitschüler/in etwas, das dir an ihm/ihr gefällt!
- Erzähle eine Situation, worüber du dich zuletzt am meisten gefreut hast!
- Wohin würdest du gerne einmal verreisen?
- Liest du abends im Bett?
- Wenn du morgen Geburtstag hättest, was wäre dein größter Wunsch?
- Gehst du gerne in die Schule?
- Worüber kannst du dich am meisten ärgern?
- Was möchtest du einmal werden?
- Welchen Promi möchtest du gerne einmal persönlich kennenlernen?
- Welches Buch hast du zuletzt gelesen?

---
1  L = nachfolgend Abkürzung für „Lehrerinnen und Lehrer"
2  Sch = nachfolgend Abkürzung für „Schülerinnen und Schüler"
3  AB = nachfolgend Abkürzung für „Arbeitsblatt"

## Wir lernen einander kennen

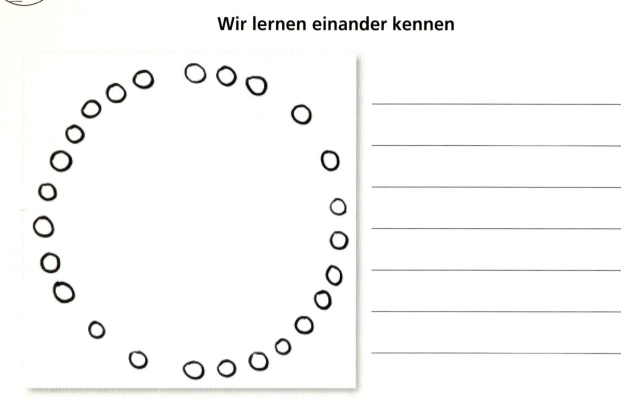

 Schreibe von einem Schüler, mit dem du gesprochen hast, ein paar Antworten auf, die du dir gemerkt hast! Zeichne mit einem Farbstift das Netz ein, das wir geknüpft haben!

**Volltreffer**

Refr.: Voll - Voll - Voll-tref-fer, ja ein Voll-tref-fer Got-tes bist du!
Voll - Voll - Voll-tref-fer. Du bist wert-voll ja du!

1. Wun-der-bar bist du ge-macht mit dei-nen schö-nen Au-gen. Freu dich, dass du se-hen kannst. Das war Got-tes I-dee.
2. Wunderbar bist du gemacht mit deinen schönen Ohren. Freu dich, dass du hören kannst. Das war Gottes Idee.
3. Wunderbar bist du gemacht mit deinen schönen Beinen. Freu dich, dass du laufen kannst. Das war Gottes Idee.
4. Wunderbar bist du gemacht mit deinen beiden Händen. Freu dich, dass du helfen kannst. Das war Gottes Idee.
5. Wunderbar bist du gemacht mit deiner großen Nase. Freu dich, dass du riechen kannst. Das war Gottes Idee.

*T und M: Daniel Kallauch*

# 1.2 Was mir manchmal Angst macht

## Kompetenz
Indem sich die Sch gegenseitig darüber austauschen, welche Ängste sie haben, werden sie offener zueinander und wachsen als Gemeinschaft noch stärker zusammen.

## Anknüpfung
- Sch tragen ihre Hausaufgabe vor (siehe 1.1). Die Mitschüler versuchen, jeweils zu erraten, wer damit gemeint ist.

## Motivation
- Sch bilden einen Sitzkreis. L breitet ein schwarzes Tuch in der Mitte aus.
- L legt Wortkarte „Manchmal habe ich Angst, …" auf das schwarze Tuch und liest einige Sätze aus **B1** vor.
- L verteilt 2-3 (DIN-A6)-Kärtchen (wenn möglich Oberseite violett oder dunkelfarbig, Unterseite weiß) an jeden Sch.
  Jeder Sch nimmt sich einen Stift.
- Die Sch schreiben auf die weiße Seite jedes Kärtchens eine Angst und legen das Kärtchen umgedreht auf das schwarze Tuch in der Mitte.
- L sammelt die Kärtchen ein, mischt sie gut durch und legt sie wieder auf das schwarze Tuch. Jeder Sch nimmt ein Kärtchen und liest es vor.

## Erarbeitung
- L: „Wir haben nun viele Ängste gehört. Der folgende Text (**B2**/als Folie) zeigt, wie Menschen damit umgehen." Sch lesen.
- L: „Welcher Satz aus dem Text erscheint dir besonders interessant oder wichtig?" Sch tragen ihre Sätze vor und begründen ihre Wahl.

## Transfer
- L deutet auf die Kärtchen auf dem schwarzen Tuch.
  L: „Ihr habt sicher auch schon Erfahrung, wie ihr mit Ängsten umgeht. Sammelt Ideen in einem Rundgespräch. Ergänzt den Satz ‚Wenn ich Angst vor … habe, dann …'".

## Ausklang
- Lied: „Halte zu mir guter Gott …"

## Hausaufgabe
- Sch überlegen, was ihnen Angst macht und tragen diese Ängste auf dem nachfolgenden AB ein.
- Sch befragen ihre Eltern, warum sie diesen Vornamen für ihr Kind ausgewählt haben, und lassen sich von ihrer Taufe erzählen!

### B1
**Manchmal habe ich Angst**

Angst, dass ich von anderen gemobbt werde.
Angst, weil ich die Hausaufgaben wieder vergessen habe.
Angst, dass ich die Klassenarbeit nicht schaffe.
Angst, dass ich ausgelacht werde.
Angst, dass ich Stress mit einem Lehrer habe.
Angst, dass niemand etwas mit mir zu tun haben will.
Angst, dass ich eine schlechte Note bekomme.
Angst, dass …

### B2
**Weißt du, dass Angst etwas ganz Normales ist?**

Jeder Mensch hat Angst. Sie zeigt sich meist auf verschiedene Art und Weise, gehört aber zu unserem Leben wie Hunger und Durst oder Freude und Leid. Das Wort „Angst" kommt von „eng" und ist damit das Gegenteil von Weite und Offenheit. Wenn wir Angst haben, trauen wir uns manches nicht zu, können wir nicht tun, was wir möchten. Manchmal ziehen wir uns zurück oder verkriechen uns.
Bei manchen Menschen ist es genau umgekehrt. Sie zeigen sich vor lauter Angst größer, als sie in Wirklichkeit sind, und werden so zu Angebern. Damit versuchen sie, ihre Schwächen zu überspielen.
Es gibt auch Menschen, die im Umgang mit anderen sehr unsicher sind und sich deshalb zurückziehen und verschlossen wirken. Häufig haben sie große Probleme, Freunde zu finden.

## Was mir manchmal Angst macht

„Manchmal habe ich Angst _____

Dann hilft mir, wenn _____

_____

_____ "

„Manchmal habe ich Angst _____

Dann hilft mir, wenn _____

_____

_____ "

„Manchmal habe ich Angst _____

Dann hilft mir, wenn _____

_____

_____ "

## Halte zu mir, guter Gott

1. Halte zu mir, guter Gott, heut' den ganzen Tag. Halt' die Hände über mich, was auch kommen mag. Halte zu mir, guter Gott, heut' den ganzen Tag. Halt' die Hände über mich, was auch kommen mag.

2. Du bist jederzeit bei mir.
Wo ich geh' und steh',
spür' ich, wenn ich leise bin,
dich in meiner Näh'.
Halte zu mir, guter Gott,
heut' den ganzen Tag.
Halt' die Hände über mich,
was auch kommen mag.

3. Gibt es Ärger oder Streit und
noch mehr Verdruss,
weiß ich doch, du bist nicht weit,
wenn ich weinen muss.
Halte zu mir, guter Gott,
heut' den ganzen Tag.
Halt' die Hände über mich,
was auch kommen mag.

4. Meine Freude, meinen Dank,
alles sag' ich dir.
Du hältst zu mir, guter Gott,
spür' ich tief in mir.
Halte zu mir, guter Gott,
heut' den ganzen Tag.
Halt' die Hände über mich,
was auch kommen mag.

T: Rolf Krenzer, M: Ludger Edelkötter, Impulse Musikverlag, Drensteinfurt

 Überlege, was dir hilft, wenn du Angst hast!

## 1.3 Gott hat mich bei meinem Namen gerufen

### Kompetenz
Die Sch werden sich bewusst, dass Gott die Menschen beim Namen ruft.

### Vorbereitung
L erstellt eine Liste der Vornamen seiner Sch und deren Bedeutung. (www.firstname.de – Diese Datenbank enthält über 70.000 Vornamen aus aller Welt.) Ggf. besorgt L Namenstagsbilder für Sch. Schöne vierseitige Namenstagsbilder im Postkartenformat gibt es unter "Mein Namenspatron", Dr. Karl Wölfl, Postfach 1161, 93080 Pentling, Tel. 09405 / 7396 oder 0700 22080702. (Erste Seite Bild, zweite bis vierte Seite Text über das Leben und Wirken des Namenspatrons, die Bedeutung des Namens, Gebet usw.)

### Einstieg
- L legt Folie mit Foto (siehe rechts) auf. Eine farbige Folie des Bildes liegt vor in der Folienmappe „Einfach Leben 5" (EL 5).
- L verweist darauf, dass die Antenne genau auf den Satelliten ausgerichtet ist. L bietet kurze Hintergrundinformationen (**B1**) hierzu.
- L: „Wie ist es in deinem Leben: Empfängst du auch Signale?" „Wonach richtest du dich? Was gibt dir eine Richtung vor?"

### Begegnung
- L erzählt die Geschichte von Samuel und Eli nach 1Sam 3.

### Erarbeitung
- Sch geben die Geschichte mit eigenen Worten wieder.
- Sch bringen die Geschichte mit dem Foto in Verbindung.

### Transfer
- L: „Der Name Samuel bedeutet ‚von Gott erhört'. Jeder Name hat eine bestimmte Bedeutung, auch eure Namen. Ihr habt eure Eltern nach euren Namen gefragt. Was habt ihr denn herausgefunden?"
- L: „Ich habe mich mal näher über die Bedeutung eurer Namen informiert". Der L verteilt die Namenstagsbildchen.

### Sicherung/Hausaufgabe
- L teilt AB aus.
- Sch tragen ein, was sie über ihren Namenspatron wissen, ggf. schlagen sie im Internet unter www.heiligenlexikon.de nach.

**B1**

Das Foto zeigt die Erdfunkstelle Fuchsstadt, die zwischen Bad Kissingen und Hammelburg liegt. Alle drei Antennen in Fuchsstadt senden und empfangen gleichzeitig. Sie stehen mit verschiedenen Fernmeldesatelliten in Verbindung, für den ständigen Nachrichtenaustausch innerhalb Europas und von Kontinent zu Kontinent.

Der Parabolspiegel wiegt 100 Tonnen, sein Durchmesser beträgt 32 Meter. Mit dieser Antenne ist es möglich, die äußerst schwachen Signale der Satelliten auf der Erde zu empfangen. Durch die Größe und Genauigkeit der Konstruktion werden Empfangs- und Sendesignal gebündelt, sodass eine millionenfache Verstärkung erzielt wird.

Auch wenn die Antenne für den Betrachter regungslos dasteht, ist sie in ständiger Funkverbindung mit dem zugeordneten Satelliten. Eine automatische Steuerung sorgt dafür, dass die Antenne genau auf den jeweiligen Satelliten ausgerichtet ist.

## Mein Namenspatron

Name des/der Heiligen: _____

Lebenszeit: _____

Wirkungsort: _____

Der Name bedeutet:

_____

_____

_____

Hier kannst du ein Bild von deinem Namenspatron/deiner Namenspatronin einkleben.

Wichtige Ereignisse im Leben des/der Heiligen:

_____

_____

_____

_____

Mir gefällt besonders an ihm/ihr:

_____

_____

_____

_____

_____

_____

_____

_____

_____

_____

In dieses Kästchen kannst du einen Gegenstand oder ein Symbol malen, an dem man den Heiligen/die Heilige erkennt.

1. Neu anfangen – In der Klasse miteinander leben

## 1.4 Ich bin einmalig – Jeder ist anders

### Kompetenz
Durch das Betrachten eines Fingerabdrucks werden sich die Schüler ihrer Einmaligkeit bewusst. Sie entdecken ihre Stärken und Schwächen. Wer weiß, dass jeder Mensch einmalig ist, kann die Eigenarten anderer besser annehmen.

### Vorbereitung
L hält mehrere Stempelkissen, Elefantenhaut oder anderes kostbares Papier für jeden Sch bereit.

### Anknüpfung
- Sch stellen ihre Namenspatrone vor.
- L überlegt mit Sch, ob sie ihre Namenstage in der Schule feiern wollen.
- L stellt die Arbeitsblätter über die Namenspatrone (aus der vorangegangenen Stunde) zu einem Namenstagskalender für die Klasse zusammen.

### Motivation
- L zeigt Folie mit Fingerabdruck (B1) und trägt den Text (B2) auf S. 12 langsam vor.

### Besinnung
- L: „Überlege, was macht dich einmalig?" „Wo liegen deine Stärken?"
- L verteilt Elefantenhaut, anderes kostbares Papier oder AB.
- L: „Schreibe auf, was du gut kannst, was dir an dir selbst gefällt oder worauf du stolz bist! Suche dir einen Platz (Boden, Ecke), wo keiner auf dein Blatt sehen kann."
- L spielt dazu meditative Musik ein.
- L: „Wähle dir einen Partner, der auf die Rückseite deines Blattes schreibt, was ihm an dir gefällt!" (TA oder Folie/B3)
- Jeder Sch erhält sein Blatt zurück und liest.

### Vertiefung (2 Varianten)
- L erzählt Geschichte von Columbin (B4)
- L: „Eigentlich ist Columbin gar nicht so dumm. Er weiß etwas Wichtiges von sich."

oder

- L legt Folienbild „Auf einen Blick" (aus Folienmappe zu „EINFACH LEBEN 5", siehe B5) auf und trägt dazu den Text „Jeder ist anders" (B6) vor.

B5

### Abschluss
- Sch suchen sich Mitschüler, von denen sie einen Fingerabdruck auf ihrem Blatt/AB haben wollen. Sie lassen diese neben dem Abdruck auch unterschreiben.

B1

B3
Was mag ich an dir besonders?
Warum schätze ich dich?
Was kannst du gut?
Was gefällt mir an dir?
Ich wollte dir schon lange einmal sagen, dass ...

1. NEU ANFANGEN – IN DER KLASSE MITEINANDER LEBEN

### Du bist einmalig! — B2

Es gibt keinen Menschen, der den gleichen Fingerabdruck hat wie du. Obwohl circa 5 Milliarden Menschen auf der Erde leben, gibt es deinen Fingerabdruck kein zweites Mal.
Mancher Mensch heißt vielleicht so wie du und hat die gleiche Augen- oder Haarfarbe.
Mancher ist vielleicht genauso groß oder schwer wie du,
aber keiner gleicht dir in allem.
Weißt du, dass es dich kein zweites Mal auf der Welt gibt?
Du bist einmalig.

### Jeder ist anders — B6

Es gibt Milliarden von Menschen,
aber jeder ist anders.
Auch bei uns trifft dies zu.
Wir reden miteinander,
wir spielen miteinander,
wir streiten miteinander,
wir lernen miteinander.
Einer tut sich leicht,
der andere tut sich schwer.
Einer kann gut schwimmen.
Einer kann hoch springen.
Beim Rechnen, Lesen und Schreiben
gibt es Unterschiede.

Herr, oft vergessen wir,
dass du jeden von uns
mit anderen Begabungen und Qualitäten ausgestattet hast.
Jeder hat daher auch das Recht,
anders zu sein,
anders zu singen,
anders zu reden,
anders zu denken,
anders zu handeln.
Herr,
lass uns den anderen annehmen,
wie er ist.

### Geschichte von Columbin — B4

Am Hofe gab es starke Leute und gescheite Leute, der König war ein König, die Frauen waren schön und die Männer mutig, der Pfarrer fromm und die Küchenmagd fleißig – nur Columbin, Columbin war nichts. Wenn jemand sagte: „Komm, Columbin, kämpf mit mir!", sagte Columbin: „Ich bin schwächer als du." Wenn jemand sagte: „Wie viel gibt zwei mal sieben?", sagte Columbin: „Ich bin dümmer als du." Wenn jemand sagte: „Getraust du dich, über den Bach zu springen?", sagte Columbin: „Nein, ich getraue mich nicht." Und wenn der König fragte: „Columbin, was willst du werden?", antwortete Columbin: „Ich will nichts werden, ich bin schon etwas. Ich bin Columbin."

*Peter Bichsel*

# Ich bin einmalig

**Meine Stärken:**

 Schreibe auf, was du gut kannst, was dir an dir gefällt oder worauf du stolz bist! Im Feld in der Mitte ist Platz für deinen Fingerabdruck

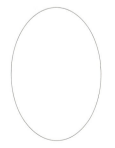 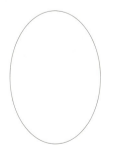 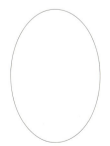 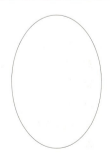

_____  _____  _____  _____

 Hier können deine Freunde ihren Fingerabdruck machen. Lass sie jeweils dazu unterschreiben!

# Du bist einmalig

**Deine Stärken:**

 Was mag ich an dir besonders? – Warum schätze ich dich? – Was kannst du gut? – Was gefällt mir an dir? – Ich wollte dir schon lange einmal sagen, dass …

  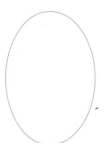    

_____  _____  _____  _____

 Hier können deine Freunde ihren Fingerabdruck machen. Lass sie jeweils dazu unterschreiben!

 1. Neu anfangen – In der Klasse miteinander leben

## 1.5 Die Goldene Regel

### Kompetenz

Die Sch bedenken die Goldene Regel als Maßstab Jesu für unser Zusammenleben. Sie reflektieren, dass die eigenen Erwartungshaltungen dem persönlichen Verhalten entsprechen müssen.

### Motivation

- L legt einen goldenen Gegenstand auf den Tisch. Im Gespräch wird die Kostbarkeit von Gold geklärt.
- Sch sammeln Redewendungen oder Begriffe, in denen das Wort „Gold" vorkommt (z. B. „goldener Oktober", „Goldstück", „goldene Hochzeit").
- L erläutert, dass Gold zum einen ein kostbares Edelmetall, zum anderen ein Symbol für etwas Kostbares und Edles ist.
- L hängt Wortkarte an die Tafel:

**Die Goldene Regel**

- Sch überlegen, was sich hinter dem Begriff verbergen könnte.

### Erarbeitung

- L: „Was erwartet ihr von anderen?" (TA)
  L hängt ca. 6 leere Pfeile (**B1**) an die Tafel und beschriftet sie mit den Vorschlägen der Sch.
- Sch erhalten AB.
  L: „Beschrifte die Pfeile mit deinen Erwartungen! Anregungen erhältst du von den Pfeilen an der Tafel."

### Vertiefung

- L: „Mit anderen Menschen gut zusammenzuleben ist gar nicht so einfach. Diese Erfahrung machten auch schon die Menschen zur Zeit Jesu. Deswegen fragten sie sich immer wieder: Was sollen wir tun, damit unser Zusammenleben gelingt? Bei der Verkündigung seiner Botschaft ging Jesus auch darauf ein. Er antwortete mit einem Satz."
- L hängt „Die Goldene Regel" (**B2**) an die Tafel.
- L: „Was müssen wir mit unseren Erwartungen tun, wenn wir die Goldene Regel anwenden wollen?
- Erwartung: Sch drehen an der Tafel die Pfeile um, denn wenn man die Pfeile umdreht, werden aus den Wünschen an andere Vorsätze für uns selbst.

### Transfer

- L: „Wieso ist die Umwandlung von Erwartungen in Vorsätze eine ‚goldene' Angelegenheit?"
- L: „Wenn sich alle Menschen an die Goldene Regel halten würden, …"
  Sch sollen ihrer Fantasie hier freien Lauf lassen.

### Sicherung

- Sch sollen die Goldene Regel in schöner Schrift in das AB eintragen und Vorsätze formulieren, wie sie sich anderen gegenüber verhalten wollen. Anschließend wird das AB farbig gestaltet.

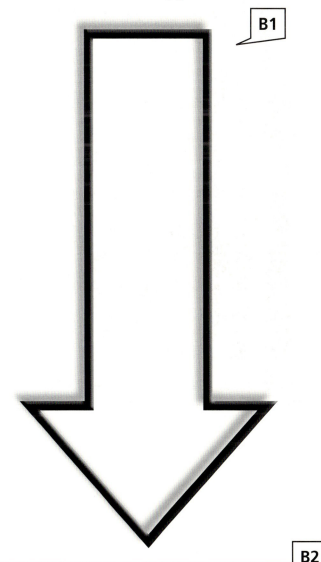

**B2**

Alles, was ihr von anderen erwartet, das tut auch ihnen!
(Matthäus 7,12)

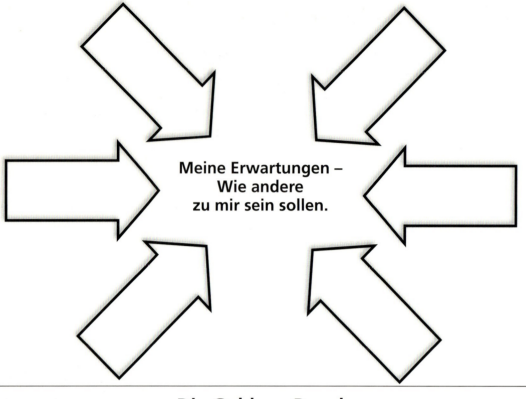

**Meine Erwartungen –
Wie andere
zu mir sein sollen.**

**Die Goldene Regel**

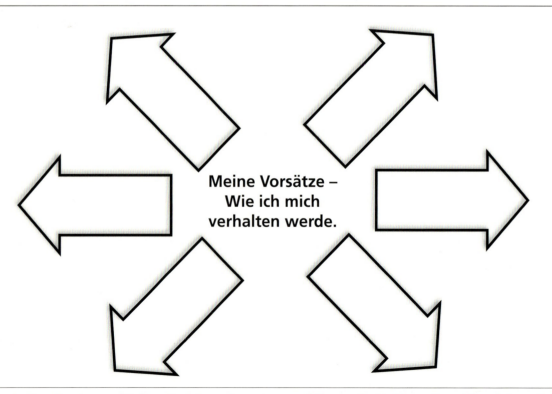

**Meine Vorsätze –
Wie ich mich
verhalten werde.**

Beschrifte die oberen Pfeile mit deinen Erwartungen! Trage die Goldene Regel in schöner Schrift hier ein! Formuliere Vorsätze, wie du dich anderen gegenüber verhalten willst, und trage sie ebenfalls hier ein! Gestalte dein Arbeitsblatt farbig!

## 1.6 Welche Regeln sollen bei uns gelten?

### Kompetenz

Die Einsicht, von Gott angenommen und geliebt zu sein, stärkt das Selbstwertgefühl und macht die Schüler auch bereit, sich auf Regeln für ein gelingendes Zusammenleben zu verständigen.

### Motivation

- L zeigt Folie „Leben lassen – Ein Frosch in der Hand eines Menschen" (aus Folienmappe zu EL 5) **(B1)**. Sch beschreiben das Bild.
- L: „Lass den Frosch und die Hand miteinander ins Gespräch kommen!"
- L: „Wenn du in das Bild einsteigst, wer bist du dann?" – „Bist du die Hand, oder bist du der Frosch?"

### Begegnung/Erarbeitung

- L zeigt nach und nach die Folienbilder von den zwei Eseln **(B2-4)**. Die Sch deuten die Bilder. (Erwartungen: B2: Die beiden Esel freuen sich jeweils auf den Heuhaufen. B3: Da beide mit einem kurzen Seil um den Hals verbunden sind, kann keiner den Heuhaufen erreichen. B4: Die beiden Esel streiten ... Jeder sieht nur seinen Heuhaufen.)
- L: „Gibt es so etwas bei euch in der Klasse auch? Findet Beispiele!"
- Sch überlegen verschiedene Lösungsmöglichkeiten für die beiden Esel und tragen ihre Varianten vor.
- L zeigt das Ende der Geschichte auf Folie **(B5)**.
- Die Sch fassen die Geschichte von den beiden Eseln in einer Regel zusammen!

### Transfer

- Sch entwerfen in eigener Sprache eine neue Liste von Regeln, die in ihrer Klasse gelten sollen.
- Sch stellen ihre Vorschläge vor und sprechen darüber.
- L ergänzt ggf. **(B6)**.

### Kreative Gestaltung

- Sch können ein großes Poster mit den Regeln für ihre Klasse gestalten!

### Hausaufgabe

- Sch sollen den Steckbrief **(B7)** ausfüllen und zur nächsten Stunde mitbringen, um sich gegenseitig noch besser kennenzulernen.

**B1**

**B6**

### Unsere Klassenregeln

1. Wir richten unser Klassenzimmer wohnlich ein und achten darauf, dass nichts kaputtgeht.
2. In der Schule darf jeder Fehler machen. Bei uns wird keiner ausgelacht.
3. Lärm macht auf Dauer verrückt! Wir bemühen uns um Ruhe.
4. Niemand fühlt sich gerne als Außenseiter. Deshalb schließen wir niemanden aus.
5. Wir versuchen, die Gesprächsregeln zu beachten (zuhören, ausreden lassen, ...).
6. Nicht jeder kann alles gleich gut, also helfen wir einander.

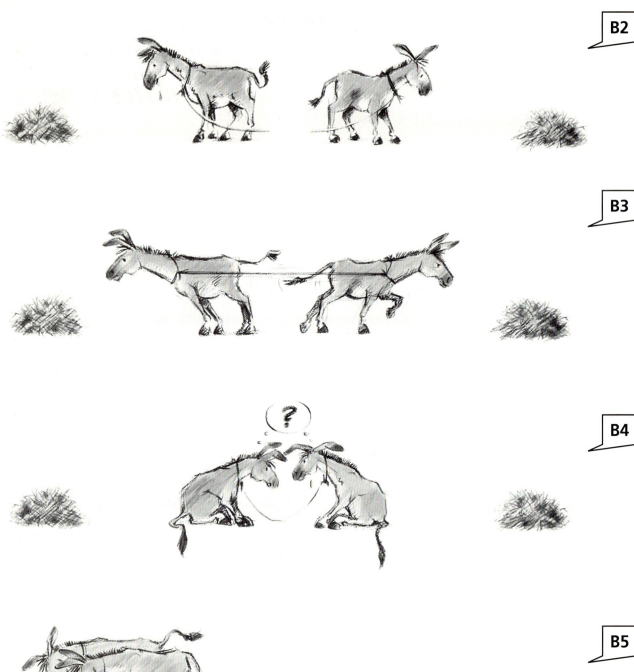

## Steckbrief

**WANTED**

Vorname, Name: _____

Womit beschäftigst du dich am liebsten in der Freizeit? _____
_____

Wohin würdest du gerne einmal reisen?
_____

Welches Buch hast du zuletzt gelesen?
_____
_____

*Foto oder Zeichnung von dir*

Wer ist dein Namenspatron? – Wann hast du Namenstag?
_____

Welche Musikgruppe hörst du am liebsten? _____

Welchen berühmten Star möchtest du gerne einmal persönlich kennenlernen?
_____

| Gegenstände, die zu dir passen |
|---|
| |

Was ist dein Lieblingsessen?
_____

Wie heißt dein Lieblingsverein?
_____

Worüber kannst du dich am meisten ärgern?
_____
_____
_____

Was ist dein größter Wunsch, der nicht mit Geld zu bezahlen ist? _____
_____
_____
_____

## 1.7 Wir sind eine Gemeinschaft

### Zielsetzung
In dieser Stunde sollen die Sch ein Gefühl für ihre Klassengemeinschaft bekommen. Das unter der Klassenzimmerdecke befestigte Netz soll die Sch durch das ganze Schuljahr begleiten.

### Vorbereitung
- Haken an der Decke oder Wand zur Befestigung des entstehenden Netzes.
- Mehrere Locher bereitlegen.

### Einstieg
- L liest einzelne Steckbriefe ohne Namensnennung vor. Sch raten, wer sich da vorgestellt hat.

### Begegnung/Erarbeitung
- L lässt Steckbriefe nach und nach auf den Boden fallen.
- L: „Stelle dir vor, du wirst einfach wie ein Stück Papier fallen gelassen! Wie geht es dir dabei?" Sch äußern ihre Gefühle („Ich ...").
- L zeigt Fäden, die er aus dem Netz der ersten Stunde geschnitten hat. Sch erkennen die Fäden.
- L: „Schaut die einzelnen Blätter auf dem Boden an. Was können wir machen?" Sch äußern Ideen. (Erwartung: Die Steckbriefe zu einem Netz verknüpfen.)

### Umsetzung
- Die Steckbriefe werden an den vier Ecken gelocht.
- Sch erhalten Fäden und verknüpfen die Steckbriefe zu einem Netz (vgl. **B1**).
- Das entstandene Netzgebilde wird an der Zimmerdecke mit Haken befestigt.

### Transfer
- Sch stellen sich unter ihren Steckbrief und überlegen, was das Netz für die Klasse bedeuten kann. Erwartung: Sch bilden das Netz nach, indem sie sich die Hände reichen.
- L trägt Text „Viele bunte Steckbriefe" (**B2**) vor.

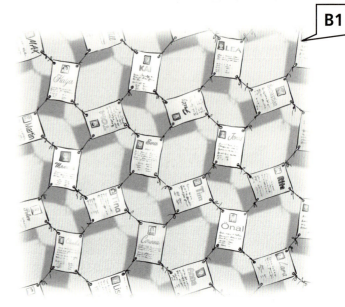

**B1**

**B2**

### Viele bunte Steckbriefe

Viele bunte Steckbriefe von Schülern sind durch Fäden miteinander verbunden.
So ist ein Netz entstanden.
Ein Netz kennen wir vom Zirkus.
Dort spannt man es z. B. unter ein Seil, dass dem Artisten bei einem Fehltritt nichts passiert.
Ein Netz – ein Bild für unsere Klasse?
Sind bei uns die Fäden schon geknüpft?
Gehen wir aufeinander zu?
Helfen wir einander?
Halten wir zusammen?
Fangen wir Mitschüler auf, denen es nicht so gut geht?
Kann man sich bei uns Fehltritte erlauben?
Sind wir schon eine gute Gemeinschaft?

## 2.1 Du, ich trau dir

### Kompetenz
Die Sch erklären mit Hilfe einer Geschichte, was Vertrauen bedeutet.

### Vorbereitung
L besorgt ein Seil.

### Motivation/Themenfindung
- L legt ein Seil quer durch das Klassenzimmer.
- L spielt (pantomimisch) und erzählt die Geschichte „Der Artist auf dem Seil" (B1).
- Sch überlegen, warum das Kind bereit ist, sich in den Schubkarren zu setzen!
- L: „Der letzte Satz des Kindes lautet: ‚Der, der mich über das Seil fährt, ist mein Vater, und meinem Vater kann ich vertrauen.'"

### Begegnung/Erarbeitung
- L: „So wie das Kind seinem Vater vertraut, vertrauen auch wir verschiedenen Menschen. Überlege dir in Ruhe, wem du vertraust!"

### Umsetzung
- L: „Ich möchte euch ein kleines Vertrauensspiel (B2) vorstellen."
  Sch spielen.
- L: „Wie fühlt es sich an, aufgefangen zu werden?"
- L: „Was kann man aus diesem Spiel lernen?"

### Vertiefung
- L: „Auf Menschen kann man leider nicht immer vertrauen. Was meint ihr, wie ist das mit dem Vertrauen auf Gott?"
  Sch finden Gründe, weshalb man auf Gott vertrauen kann, und nennen evtl. auch Schwierigkeiten.
- L fasst die Gedanken (mit den Sch) in einem freien Gebet zusammen.

### Vertrauenskreis

Bildet kleine Kreise mit 6-8 Schülern. Jeweils ein Schüler aus einer Gruppe stellt sich in die Mitte mit geschlossenen Augen und eng beieinanderstehenden Füßen. Dann macht er sich ganz steif und hält die Beine durchgedrückt.

Die anderen strecken ihre Arme nach vorne und halten die Hände so, dass der Schüler in der Mitte aufgefangen werden kann. Achtet sorgfältig darauf, dass alle mit den Händen den gleichen Abstand zum Schüler in der Mitte haben. Dann lässt sich der Schüler in der Mitte langsam umkippen, wird von den anderen aufgefangen und vorsichtig hin und her bewegt. Der Schüler in der Mitte kann dabei herausfinden, wie viel Vertrauen er zu den anderen hat, ob er sicher ist, von den anderen aufgefangen zu werden, oder ob er Angst hat und sich selbst vor einem Fall schützen möchte.

Wichtig ist, dass ihr den Mitschüler im Kreis vorsichtig und gleichmäßig bewegt, sodass dieser auch Vertrauen entwickeln kann, weil er sich in guten Händen weiß. Habt ihr verstanden, was ich meine? ...

Ich möchte gern, dass wir das Experiment zunächst einmal in einem einzigen Kreis probieren und alle anderen zuschauen, wie es gehen kann ...

Dann könnt ihr in eurem Kreis das Experiment ausprobieren!

**B2**

### Der Artist auf dem Seil (Lehrererzählung mit pantomimischem Spiel)

Ich lade euch ein zu einem Spaziergang in die Stadt. Stellt euch vor, wir kommen zum Marktplatz. Riecht ihr schon die Bratwürste? Wir gehen an den ersten Buden vorbei, da sehen wir, dass die anderen Leute nach oben schauen. Über den Marktplatz ist ein Seil gespannt.
*(L stellt sich auf das am Boden ausgelegte Seil.)*
Ein Seiltänzer geht locker über das Seil von der Kirche zu einem hohen Haus auf der anderen Seite.
*(L balanciert pantomimisch über das Seil.)*
Der Seiltänzer ruft den Leuten zu: „Schaffe ich es auch zurück?"
„Ja", schreien die Leute begeistert.
Und ihr?
*(Sch schreien:)* „Ja!".
*(L balanciert pantomimisch über das Seil.)* Die Leute klatschen begeistert Applaus.
Und ihr? *(Sch applaudieren.)*
*(Der Seiltänzer ruft:)* „Schaffe ich es auch mit einem Balancierstab?"
*(Sch schreien:)* „Ja!"
*(L balanciert pantomimisch mit einem Stab über das Seil.)* Die Leute *(und die Sch)* klatschen begeistert Applaus.
*(Der Seiltänzer ruft:)* „Schaffe ich es auch mit einem Schubkarren?"
*(Sch schreien:)* „Ja!"
*(L balanciert pantomimisch mit einer Schubkarre über das Seil. – Die Sch klatschen begeistert Applaus.)*
*(Der Seiltänzer fragt:)* „Schaffe ich es auch mit einem Sack Zement im Schubkarren?"
*(Sch schreien begeistert:)* „Ja!"
*(L balanciert pantomimisch mit einer beladenen Schubkarre über das Seil. – Die Sch klatschen begeistert Applaus.)*
*(Der Seiltänzer fragt:)* „Schaffe ich es auch wieder zurück?"
*(Sch schreien begeistert:)* „Ja!"
*(Der Seiltänzer ruft:)* „Dann nehme ich den Sack heraus, und einer von euch darf heraufkommen und sich in die Karre setzen."
Da wird es totenstill auf dem Platz. Keiner meldet sich. Die Leute schauen auf den Boden. Keiner schaut hinauf, alle haben Angst.
Da geht ein Junge an die Leiter und klettert hinauf.
„Halt, halt!", rufen die Leute, „das ist viel zu gefährlich für dich!" Und ihr?
*(Sch schreien:)* „Halt! – Bleib da! – Mach das nicht! – Das ist viel zu gefährlich für dich!"
„Nein!", antwortet das Kind.

## 2.2 Warum verlässt Abraham seine Heimat?

### Kompetenz
Die Sch verstehen die Tragweite des Aufbruchs Abrahams.

### Vorbereitung
Zwei Sch bereiten den Text **B1** als Rollenspiel (oder als Hörspiel) vor.

### Anknüpfung/Wiederholung
- L hält Seil aus der letzten Stunde in der Hand. Gemeinsam werden die wichtigsten Inhalte der letzten Stunde wiederholt.

### Motivation
- L: „Heute lade ich euch ein in die Zeit vor mehr als 3000 Jahren in einem weit entfernten Land. In dieser Zeit könnten sich zwei Hirtenjungen, Dan und Jussuf, folgendermaßen unterhalten haben."
- Sch tragen Rollenspiel „Dan und Jussuf erleben eine Überraschung" **(B1)** vor.

### Begegnung
- L zeigt Folienbild „Zieh weg aus deinem Land" (aus Folienmappe EL 5) **(B2)**. L: Wie könnte Dan reagiert haben?
- L: „Das ist der Schauspieler Richard Harris. Er spielt in einem Film den Abraham." Sch bringen ihr Vorwissen zur Person „Abraham" ein.
- L: „Wie Abraham zu seiner Entscheidung kommt, erzähle ich euch jetzt." **(B3)**

### Erarbeitung (PA/GA)
- L: „Überlegt, was Abraham alles verlassen soll! Denkt an das Gespräch von Dan und Jussuf!"
- L hält Ergebnisse auf Folie von AB fest. (Lösung: <u>Abraham verlässt:</u> Wasserstellen, genügend Futter für die Tiere, Früchte, Kräuter, reiche Mahlzeiten, Heimat, Wohlbefinden)
- L: „Gott verspricht Abraham viel. Zählt auf!"
- L hält Ergebnisse auf Folie von AB fest. (Lösung: <u>Gott verspricht:</u> Land zum Leben, ihn zum Stammvater eines großen Volkes zu machen, seinen Segen, dass er zum Segen für die Menschen wird, dass sein Name bekannt wird)

### Vertiefung
- L zeigt Folienbild „Abraham und Sara" **(B4)**.
- L: „Abraham und Sara unterhalten sich. Wie könnte das Gespräch abgelaufen sein?" Sch spielen das Gespräch.
- L: „Wie haben sich Abraham und Sara wohl entschieden?" L hält auf Folie fest. (Erwartung: Abraham und Sara vertrauen auf Gott und verlassen ihre Heimat.)

### Sicherung
- Sch übertragen Ergebnisse von der Folie auf AB.

## Dan und Jussuf

**B1**

Jussuf: Schalom, Dan!

Dan: Schalom, Jussuf! Na, ich habe dich die letzten Tage gar nicht gesehen. Wo warst du denn die ganze Zeit?

Jussuf: Mein Vater hat mich zum ersten Mal auf einen Weidezug mitgenommen. Wir waren mit unserer Herde und einigen Hirten unterwegs; mein Vater hat mir eine Menge beigebracht, z. B. wie man die Herde zusammenhält.

Dan: Hat er dir auch erzählt, dass es nicht überall so leicht ist, Schafe und Ziegen zu hüten, wie hier.

Jussuf: Ja, überall, wo er früher war, wuchs das Gras nicht so dicht, und sie mussten weit herumziehen mit den Herden, um sie satt zu kriegen. Außerdem war es dort schwer, Wasserstellen zu finden, wo man die Tiere bequem tränken konnte.

Dan: Hier bei uns müssen sich die Hirten keine Sorgen machen um ihre Tiere und um sich selbst.

Jussuf: Das stimmt. Hier wachsen viele Früchte, die wir essen können, und man findet eine Menge Kräuter, die unsere Mahlzeiten abwechslungsreich machen.

Dan: Ja, mir gefällt es hier auch sehr gut.

Jussuf: Es war schon eine gute Idee unseres Anführers Abraham, hier in diese Gegend zu ziehen. Hier ist für Tiere und Menschen gut gesorgt.

Dan: Von hier will keiner so schnell wegziehen.

Jussuf: Das glaube ich nicht. Jedenfalls nicht nach der Versammlung heute Morgen.

Dan: Was denn für eine Versammlung?

Jussuf: Abraham hat heute in aller Frühe alle Erwachsenen der Großfamilie zusammengerufen. Und da hat er ihnen erklärt: "In ein paar Tagen werden wir von hier wegziehen."

## Lehrererzählung – Zieh weg aus deinem Land (nach Gen 12,1–7)

**B3**

Ein Mann in alten, abgenutzten Gewändern sitzt auf dem Boden. Er schaut nach oben, als würde er jemandem zuhören oder sehr angespannt nachdenken. Der Mann muss etwas ganz Besonderes erlebt haben, seine Augen können es noch immer nicht fassen.

„Seltsam", denkt er sich, „wirklich seltsam! Aber hier ist doch niemand! Ich bin mir ganz sicher, dass ich eine Stimme gehört habe. Ich weiß es bestimmt! Ich kann mich genau daran erinnern. ‚Abraham!' hat sie gerufen. ‚Zieh weg aus deinem Land, von deiner Verwandtschaft und aus deinem Vaterhaus, und geh in ein Land, das ich dir zeigen werde! Ich schenke dir viele Nachkommen und werde dich zum Stammvater eines großen Volkes machen. Es wird dir gut gehen. Ich werde dich segnen und meine Hand über dich halten. Durch dich wird es allen Menschen auf der Welt gut gehen. Und ich schenke dir und deinen Nachkommen für alle Zeiten Land zum Leben. Alle Völker werden deinen Namen kennen.'

Ob es wohl Gott gewesen ist, der mit mir geredet hat?"

Abraham geht die Geschichte nicht mehr aus dem Kopf. Wenn er dieser Aufforderung folgen würde, müsste er das Leben in der Stadt aufgeben. Er hätte auch kein festes Zuhause mehr. Wie ein Nomade müsste er in einem Zelt leben und von einer Wasserstelle zur anderen ziehen.

2. Sich auf den Weg machen – Abraham und Sara

## Warum verlässt Abraham seine Heimat?

**Der Herr sprach zu Abraham:**
„Zieh weg aus deinem Land, von deiner Verwandtschaft und aus deinem Vaterhaus in das Land, das ich dir zeigen werde!"
(Gen 12,1)

**Abraham verlässt**

_____
_____
_____
_____
_____
_____
_____
_____

**Gott verspricht**

_____
_____
_____
_____
_____
_____
_____

# 2.3 Abraham und Lot – Streit und Versöhnung

## Kompetenz
Die Sch lernen, wie Abraham einen Konflikt mit Lot friedlich löst.

## Anknüpfung/Wiederholung
- L zeigt Folienbild „Zieh weg aus deinem Land" (B2 der Vorstunde). Einige Inhalte der letzten Stunde werden wiederholt.
- Sch singen das Lied „Hilf uns glauben wie Abraham", das das Geschehen gut zusammenfasst (**B1**).

## Begegnung
- Sch erfahren mehr über das Leben von Jussuf (**B2**).
- L: „Nicht immer ging es zwischen den Sippen friedlich zu."
- L zeigt Folienbild „Abraham und Lot" (aus Folienmappe EL 5) (**B3**) und erzählt Gen 13,1–7 (**B4**).

## Erarbeitung
- Sch spielen die Szene zwischen Abraham und Lot nach.
- Wie der Streit ausging, lesen Sch in Gen 13,8–12 nach.
- L: „Abraham macht einen großzügigen Vorschlag. Welche Überlegungen könnten ihn dazu gebracht haben?" (Erwartung: Vertrauen auf Gott; Zuneigung zu Lot)

## Transfer
- L: „Spielt einen Streitfall aus eurem Alltag und löst ihn im Sinne Abrahams (PA/GA)!"

## Sicherung
- Sch füllen den Lückentext aus und schreiben Gen 13,8–9 zwischen die beiden Fotos auf dem AB. Die richtige Reihenfolge der Lückenwörter lautet: Nomaden – Zelten – Wasser – Tiere – Brunnen – Aufgabe – Kinder – Frauen – Ziegenmilch – Fladenbrot – Stämme

**B3**

- Sch beschreiben das Bild und überlegen, um was es auf dem Bild gehen könnte.

**B4**

### Abraham und Lot – Bibeltext
(Nacherzählung)

Abraham ist mit seiner ganzen Sippe aufgebrochen. Dazu gehörte auch sein Neffe Lot. Abraham hatte einen sehr ansehnlichen Besitz an Vieh, Silber und Gold. Er wanderte von einem Lagerplatz zum anderen weiter.

Auch Lot besaß Schafe und Ziegen, Rinder und Zelte. Das Land war aber zu klein, als dass sich beide nebeneinander hätten ansiedeln können.

Deshalb kam es zwischen den Hirten Abrahams und den Hirten Lots zum Streit. Abraham wollte diesen Streit nicht und forderte Lot auf, sich ein Gebiet auszusuchen, sodass sich die beiden nicht mehr streiten mussten. Lot wählte also die Jordangegend und trennte sich von Abraham. (vgl. Gen 13,1–12)

# Hilf uns glauben, wie Abraham

*Kathi Stimmer-Salzeder 1986*

1. Hilf uns glau-ben wie Ab-ra-ham, der durch Gott erst zum Le-ben kam, der nicht scheu-te zu gehn, als der Herr ihm be-fahl: Zie-he fort und ver-lass, was du hast. KV: Sieh, ich zei-ge dir neu-es Land, geh', ich hal-te dich in mei-ner Hand! Schau auf mich, schau nicht zurück, und ich las-se dich zum Glück und zum Se-gen für an-de-re sein!

2. Hilf uns glauben wie Abraham, denn er klammerte sich nicht daran, dass er reich war und groß - nein, er machte sich los, als ihn Gott rief, sein Diener zu sein. Sieh, ich zeige dir neues Land...

3. Hilf uns glauben wie Abraham, dem der Weg wohl oft den Atem nahm, weil er weit war und steil, wie ein Fels ohne Seil, dass nur Gott seine Zuversicht blieb. Sieh, ich zeige dir neues Land...

4. Hilf uns glauben wir Abraham, denn er nahm Gottes Liebe an, ließ sich führ'n, wie ein Kind. Voll Vertrauen wie blind, sah er doch mit dem Herzen das Ziel. Sieh, ich zeige dir neues Land...

© MUSIK UND WORT, D-84544 Aschau a. Inn     auf CD UNTERWEGS

## Jussuf, ein Nomadenjunge erzählt:

Wir leben in Großfamilien, in Sippen, zusammen. Dies bedeutet für uns Schutz und Ordnung. Unser Sippenvater Abraham sorgt für alles, was die Sippe braucht. Er übernimmt auch die Aufgabe der Polizei und des Gerichts.

Wir wohnen in Zelten, die man schnell auf- und abbauen kann. Normalerweise bleiben wir ungefähr eine Woche bei einer Wasserstelle. Dort trifft man sich mit anderen Leuten. Von ihnen erfährt man, wo die nächste Wasserstelle ist oder wo es einen Brunnen gibt. Oft wird auch miteinander ein Fest gefeiert.

Die Suche nach Futter und Wasser für die Tiere bestimmt unser Leben. Wenn eine Familie viele Tiere hat, dann ist sie reich und hat größeren Einfluss.

In der Regenzeit wandern wir weiter hinaus in die Steppe.

In der Trockenzeit dürfen unsere Tiere auf den abgeernteten Feldern weiden.

Unser Leben ist auch voller Gefahren. Oft machen uns andere Stämme unsere Weideplätze streitig. Manchmal trocknen die Wasserstellen aus oder wilde Wüstentiere bedrohen uns. An die Hitze muss man sich erst gewöhnen, vor allem mittags. Gegen Abend wird es oft ziemlich kalt. Unsere Kleidung fertigen wir aus dem Fell unserer Tiere. Wir tragen ein Tuch vor dem Gesicht, damit uns der Sand nicht ins Gesicht fliegt.

Jeder in der Familie hat eine Aufgabe. Die Kinder holen Wasser vom Brunnen und helfen, die Tiere füttern und pflegen. Die Frauen backen Brot am Feuer, kochen, braten und stellen Kleidung her.

Normalerweise essen und trinken wir das, was wir von unseren Tieren bekommen: Ziegenkäse und Ziegenmilch. Dazu gibt es Fladenbrot. Wenn wir genügend Wasser haben, trinken wir auch Tee. Wenn ein Fest gefeiert wird, wird ein Hammel geschlachtet.

## Abraham und Lot – Streit und Versöhnung

Die Menschen damals lebten als _____ in Großfamilien, in Sippen, zusammen. Sie wohnten in _____, weil man diese schnell auf- und abbauen konnte. Die Suche nach Futter und _____ für die Tiere bestimmte ihr Leben. In der Regenzeit wanderten sie weit hinaus in die Steppe, in der Trockenzeit durften ihre _____ auf den abgeernteten Feldern zwischen den Städten weiden und sie aus den _____ Wasser schöpfen. Normalerweise blieben sie ungefähr eine Woche bei einer Wasserstelle.

Jeder in der Familie hatte eine _____. Die _____ holten Wasser vom Brunnen und halfen, die Tiere füttern und pflegen. Die _____ backten Brot am Feuer, kochten, brieten und stellten Kleidung her.

Normalerweise aßen und tranken sie das, was sie von ihren Tieren bekamen: Ziegenkäse und _____. Dazu aßen sie _____.

Nicht immer gelang es, geeignete Wasserstellen zu finden. Oft machten ihnen andere _____ ihre Weideplätze streitig, manchmal trockneten die Wasserstellen aus.

**Abraham sagt:**

_____
_____
_____
_____
_____
_____
_____
_____
_____

Fülle den Lückentext aus, und schreibe Gen 13,8–9 zwischen die beiden Fotos!
Lückenwörter: Fladenbrot – Nomaden – Brunnen – Aufgabe – Kinder – Frauen – Wasser – Ziegenmilch – Stämme – Zelten – Tiere

2. SICH AUF DEN WEG MACHEN – ABRAHAM UND SARA

## 2.4 Wer einen Fremden aufnimmt ...

### Kompetenz
Die Sch erleben am Beispiel Abrahams, dass Gott Menschen entgegenkommt, wenn sie auf andere offen und wohlwollend zugehen.

### Motivation
- L deckt wortlos einen Tisch: Tischdecke, Teller, Besteck, Becher, Serviette.
- Die Sch äußern sich dazu und stellen Vermutungen an.
- L erzählt die Geschichte „Die Alte" (**B1**).

### Begegnung
- Sch lesen szenisches Spiel „Seltsame Besucher" (**B2**) mit verteilten Rollen.

### Erarbeitung
- L: „Worüber könnten Sara und Abraham gesprochen haben?"
- Sch sammeln Ideen und spielen das Gespräch.
- L: „Obwohl Sara die ganze Zeit im Zelt bleibt, hat man das Gefühl, dass der Besuch vor allem ihr gilt."

### Vertiefung
- L blendet das Bild „Abraham bewirtet drei Fremde" von Rembrandt als Folie (**B3**) ein.
- Sch beschreiben das Bild. Sch erarbeiten, wie Rembrandt die Besucher darstellt und was der Maler zum Ausdruck bringen will.
- Sch vergleichen die alte Frau aus der Geschichte „Die Alte" mit Sara! (Erwartung: Sara und die alte Frau merken nicht, dass Gott sie besucht. Beide Geschichten zeigen, dass Gott uns in anderen Menschen begegnet.)

### Sicherung
- Sch bearbeiten AB.

---

**B1**

### Die Alte, die auf Gott wartete

Es war einmal eine alte Frau, der hatte Gott versprochen, sie noch am selben Tag zu besuchen. Darauf war sie natürlich nicht wenig stolz. Sie scheuerte und putzte, buk und tischte auf. Und dann fing sie an, auf Gott zu warten. Auf einmal klopfte es an der Tür: Geschwind öffnete die Alte, aber als sie sah, dass draußen nur ein alter Bettler stand, sagte sie: „Nein, in Gottes Namen, geh heute deiner Wege! Ich warte eben gerade auf Gott, ich kann dich nicht aufnehmen!" Und damit ließ sie den Bettler gehen und warf die Tür hinter ihm zu.

Nach einer Weile klopfte es wieder: Die Alte öffnete diesmal noch geschwinder als beim ersten Mal. Aber wen sah sie draußen stehen? Nur einen armen alten Mann. „Ich warte heute auf Gott. Wahrhaftig, ich kann mich nicht um dich kümmern!" Sprach's, und machte dem Alten die Tür vor der Nase zu.

Abermals eine Weile später klopfte es wieder. Doch als die Alte öffnete – wer stand da, schon wieder ein zerlumpter und hungriger Bettler, der sie inständig um ein wenig Brot und um ein Dach über dem Kopf für die Nacht bat. „Ach, lass mich in Ruhe! Ich warte auf Gott! Ich kann dich nicht bei mir aufnehmen!" Und der Bettler musste weiterwandern, die Alte aber fing aufs Neue an zu warten. Die Zeit ging hin, Stunde um Stunde. Es ging schon auf den Abend zu, und immer noch war Gott nicht zu sehen. Die Alte wurde immer bekümmerter: Wo mochte Gott geblieben sein? Spät am Abend ging sie bekümmert zu Bett. Bald schlief sie ein. Im Traum aber erschien ihr Gott. Er sprach zu ihr: „Dreimal habe ich dich aufgesucht, und dreimal hast du mich hinausgewiesen!"

Von diesem Tage an nehmen alle, die von dieser Geschichte erfahren haben, alle auf, die zu ihnen kommen. Denn wie wollen sie wissen, wer es ist, der zu ihnen kommt? Wer wollte denn gern Gott von sich weisen?

# Seltsame Besucher – Szenisches Spiel (nach Gen 18,1–16)

**Erzähler:** Abraham sitzt vor seinem Zelt im Schatten einer großen Eiche. Es ist die Zeit der größten Tageshitze, und Abraham schläft ein wenig ein. Als er seine Augen wieder öffnet, stehen plötzlich drei Männer vor ihm.

**Abraham** *(steht auf und sagt):* Fremde, seid willkommen. Ihr werdet müde sein. Setzt euch in den Schatten dieses Baumes. Ich werde schnell Wasser holen lassen, damit ihr euch eure Füße waschen könnt. Ich werde für Brot sorgen, dann könnt ihr essen, bevor ihr weiterzieht.

**Erzähler:** Es geschieht nicht oft, dass Leute vorbeikommen, und deshalb ist Abraham froh, Besuch zu haben.

**Abraham** *(ruft zu Saras Zelt hin):* Sara, wir haben Besuch. Bring Wasser und Fladenbrot für unsere Gäste!

**Erzähler:** Dann ruft er seinen Knecht Elieser.

**Abraham:** Elieser, brate uns ein leckeres Stück Fleisch!

**Erzähler:** Als es fertig ist, bringt Abraham es selbst zu den Gästen, dazu Butter und Milch. Während sie essen, bleibt er bei ihnen unter dem Baum sitzen.

**Abraham:** Nun, schmeckt es euch? Braucht ihr noch etwas?

**Ein Gast:** Danke, es fehlt an nichts.

**Erzähler:** Sara bleibt im Zelt, so wie es damals alle Frauen taten, wenn ihr Mann Besuch hatte. Sie kann aber hören, was geredet wird, und sie späht auch ein wenig nach draußen, um zu sehen, was für Männer da bei Abraham zu Besuch sind.

**Ein Gast:** Abraham, wo ist deine Frau Sara?

**Abraham:** Dort im Zelt.

**Erzähler:** Sara wird noch neugieriger und hört gespannt, was die Fremden reden.

**Ein Gast:** Abraham, innerhalb eines Jahres wird deine Frau Sara einen Sohn haben.

**Sara** *(kichert leise):* Ich soll noch ein Kind kriegen, wo ich doch schon so alt bin? Dass ich nicht lache.

**Ein Gast:** Warum lacht Sara? Und warum sagt sie: Ich soll noch ein Kind kriegen, wo ich doch schon so alt bin? Für Gott ist nichts unmöglich. In einem Jahr wird Sara einen Sohn haben.

**Sara** *(erschrickt):* Ich habe doch gar nicht laut gelacht oder gesprochen. Wie ist es möglich, dass die Männer mich gehört haben?

**Sara** *(ruft laut aus dem Zelt):* Ich habe nicht gelacht!

**Ein Gast:** Du hast wohl gelacht, Sara!

**Erzähler:** Dann gehen die Gäste. Abraham schaut ihnen nach und geht dann ins Zelt zu Sara.

Rembrandt, Abraham bewirtet die drei Engel; Holztafel; 16 x 21 cm;
signiert und datiert: Rembrandt f. 1646; New York, Sammlung Mrs. C. von Pannwitz

# Wer einen Fremden aufnimmt

Rembrandt, Abraham bewirtet die drei Engel; Holztafel; 16 x 21 cm;
signiert und datiert: Rembrandt f. 1646; New York, Sammlung Mrs. C. von Pannwitz

In diesem Bild kommt Gott bei Abraham und Sara an. Male um das Bild herum Menschen von heute, die auf Gott warten, und Menschen, in denen Gott zu uns kommen kann. Du kannst auch eine Collage anfertigen.

## 2.5 Abraham tritt für andere ein

### Kompetenz
Die Sch berichten, wie Abraham vor Gott für andere eintritt und sind sich bewusst, wo sie die Hilfe von anderen erfahren (haben).

### Motivation
- L (provokativ): „Hier geht es zu wie in Sodom und Gomorra." (TA)
- L wartet Reaktionen der Sch ab und erklärt, dass diese Redeweise auf eine Abrahamgeschichte zurückgeht.

### Begegnung
- L erzählt „Lässt Gott mit sich reden?" (nach Gen 18,16–24/**B1**).
- Sch stellen Vermutungen an, wie die Geschichte wohl weitergeht.
- Sch lesen „Abraham verhandelt mit Gott" (**B2**) mit verteilten Rollen.

### Erarbeitung
- L: „Ihr wundert euch vermutlich, warum Abraham mit der Zahl 10 aufhört und nicht weiter verhandelt. Welche Gründe könnte es geben?"
- L: „10 war damals die Mindestzahl für eine Menschenschar, die als Volksgruppe bezeichnet werden kann. Von 1–9 handelt es sich um einzelne Menschen, und diese können gerettet werden.
- L: „In unserer Geschichte gibt es nur 4 Personen: Lot, seine Frau und seine beiden Töchter. Sie können die Stadt verlassen. Sodom und Gomorra aber werden bis auf den Grund zerstört."

### Vertiefung
- L stellt eine Waage auf den Tisch und legt auf eine Waagschale die Wortkarte „Gerechtigkeit" und auf die andere die Wortkarte „Liebe" (vgl. **B3**).
- L: „Wie verhält sich Gott in dieser Geschichte?"
- L: „Wenn das so ist, dass Gott die sündige Stadt bestraft und 4 Personen rettet, dann ist Gott einer, der …"
(TA: Gott ist einer, der …)

### Transfer
- L: „Im Song ‚Zeugnistag' erzählt Reinhard Mey von Eltern, die sich für ihren Sohn einsetzen." (CD: Keine ruhige Minute. Intercord INT 835.039)
- L legt Songtext als Folie (**B4**) auf und spielt das Lied dazu ein.
- Sch beurteilen das Verhalten der Eltern.
- Sch vergleichen den Songtext von R. Mey mit der Geschichte von Sodom und Gomorra. Erwartung: Rektor – Gott; Abraham – Eltern; Sohn – Bewohner von Sodom und Gomorra.
- L: „Überlege, in welchen Situationen andere für dich eingetreten sind. Erzähle!"

### Ausklang
- Song nochmals anhören.

---

**B1**

### Lässt Gott mit sich reden? – Lehrererzählung (nach Gen 18,16–24)

Abraham begleitete die drei Männer ein Stück weit. Sie gingen in Richtung der Städte Sodom und Gomorra am Rande des Toten Meeres. Einst war dieses Gebiet fruchtbares Weideland. Dort wohnte auch Lot mit seiner Familie, nachdem er sich von Abraham und dessen Sippe getrennt hatte.

Als die Männer am Rande des Gebirges ankamen und die Stadt Sodom vor sich liegen sahen, sagte einer von ihnen zu Abraham: „Ich habe Schreckliches über Sodom gehört. Man quält dort Menschen und vergewaltigt sie. Die Mächtigen kennen keine Rücksicht; wer sich nicht wehren kann, der wird erdrückt. Ich will selbst hingehen und es mit eigenen Augen sehen. Wenn es wahr ist, werden sie ihre gerechte Strafe erhalten."

In diesem Augenblick erkannte Abraham, dass Gott mit ihm sprach. Er trat nahe zu dem Fremden und sagte: „Willst du wirklich Gerechte und Gottlose zugleich umbringen? Vielleicht sind fünfzig Gerechte in der Stadt. Willst du ihretwegen nicht dem Ort vergeben?"

**Abraham verhandelt mit Gott – Szenisches Spiel** (nach Gen 18,25–33)

**Abraham:** Das kannst du doch nicht tun, die Gerechten zusammen mit den Ruchlosen umbringen. Dann ginge es ja dem Gerechten genauso wie dem Ruchlosen. Das kannst du doch nicht tun. Sollte sich der Richter über die ganze Erde nicht an das Recht halten?

**Gott:** *Wenn ich in Sodom, in der Stadt, fünfzig Gerechte finde, werde ich ihretwegen dem ganzen Ort vergeben.*

**Abraham:** Ich habe es nun einmal unternommen, mit meinem Herrn zu reden, obwohl ich Staub und Asche bin. Vielleicht fehlen an den fünfzig Gerechten fünf. Wirst du wegen der fünf die ganze Stadt vernichten?

**Gott:** *Nein, ich werde sie nicht vernichten, wenn ich dort fünfundvierzig finde.*

**Abraham:** Vielleicht finden sich dort nur vierzig.

**Gott:** *Ich werde es der vierzig wegen nicht tun.*

**Abraham:** Mein Herr zürne nicht, wenn ich weiterrede. Vielleicht finden sich dort nur dreißig.

**Gott:** *Ich werde es nicht tun, wenn ich dort dreißig finde.*

**Abraham:** Ich habe es nun einmal unternommen, mit meinem Herrn zu reden. Vielleicht finden sich dort nur zwanzig.

**Gott:** *Ich werde sie um der zwanzig willen nicht vernichten.*

**Abraham:** Mein Herr zürne nicht, wenn ich nur noch einmal das Wort ergreife. Vielleicht finden sich dort nur zehn.

**Gott:** *Ich werde sie um der zehn willen nicht vernichten.*

**Erzähler:** Nachdem der Herr das Gespräch mit Abraham beendet hatte, ging er weg, und Abraham kehrte heim.

# Liebe

# Gerechtigkeit

## Zeugnistag

Ich denke, ich muss so zwölf Jahre alt gewesen sein.
Und wieder einmal war es Zeugnistag.
Nur diesmal, dacht' ich, bricht das Schulhaus samt Dachgestühl ein,
als meines weiß und hässlich vor mir lag.
Dabei war'n meine Hoffnungen keineswegs hochgeschraubt.
Ich war ein fauler Hund und obendrein
höchst eigenwillig, doch trotzdem hätte ich nie geglaubt,
so ein totaler Versager zu sein.

So, jetzt ist es passiert, dacht' ich mir, jetzt ist alles aus,
nicht einmal eine Vier in Religion.
Oh Mann, mit diesem Zeugnis kommst du besser nicht nach Haus,
sondern allenfalls zur Fremdenlegion.
Ich zeigt' es meinen Eltern nicht und unterschrieb für sie,
schön bunt, sah nicht schlecht aus, ohne zu prahl'n!
Ich war vielleicht 'ne Niete in Deutsch und Biologie,
dafür konnt' ich schon immer ganz gut mal'n!

Der Zauber kam natürlich schon am nächsten Morgen raus.
Die Fälschung war wohl doch nicht so geschickt.
Der Rektor kam, holte mich schnaubend aus der Klasse raus,
so stand ich da, allein, stumm und geknickt.
Dann ließ er meine Eltern kommen, lehnte sich zurück,
voll Selbstgerechtigkeit genoss er schon die Maulschellen für den Betrüger, das missrat 'ne Stück.

Diesen Urkundenfälscher, ihren Sohn.
Mein Vater nahm das Zeugnis in die Hand und sah mich an
und sagte ruhig: „Was mich anbetrifft,
so gibt es nicht die kleinste Spur eines Zweifels daran,
das ist tatsächlich meine Unterschrift."
Auch meine Mutter sagte, ja, das sei ihr Namenszug,
gekritzelt zwar, doch müsse man verstehen,
dass sie vorher zwei große schwere Einkaufstaschen trug.
Dann sagte sie: „Komm, Junge, lass uns geh'n."

Ich hab' noch manches Jahr auf Schulbänken verlor'n
und lernte widerspruchslos vor mich hin,
Namen, Tabellen, Theorien von hinten und von vorn –
dass ich dabei nicht ganz verblödet bin!
Nur eine Lektion hat sich in den Jahr'n herausgesiebt,
die eine nur aus dem Haufen Ballast:
Wie gut es tut zu wissen, dass dir jemand Zuflucht gibt,
ganz gleich, was du auch ausgefressen hast!

Ich weiß nicht, ob es rechtens war, dass meine Eltern mich
da rausholten, und wo bleibt die Moral?
Die Schlauen diskutier'n, die Besserwisser streiten sich,
ich weiß es nicht, es ist mir auch egal.
Ich weiß nur eins, ich wünsche allen Kindern auf der Welt,
und nicht zuletzt natürlich dir, mein Kind,
wenn's brenzlig wird, wenn's schiefgeht,
wenn die Welt zusammenfällt,
Eltern, die aus diesem Holze sind,
Eltern, die aus diesem Holz geschnitten sind.

*Reinhard Mey*

## 2.6 Ängste, Fragen, Zweifel ... und trotzdem hoffen

### Kompetenz
Die Sch wissen, wie Gott Abraham aus Resignation und Angst zu Vertrauen und Hoffnung führt und wie sein Vertrauen belohnt wird.

### Einstieg
- L legt Folienbild „Abraham und Sara" (**B1**) auf und deckt Sara ab (aus Folienmappe EL 5).
- Sch beschreiben und deuten den Gesichtsausdruck Abrahams. Erwartung: alt, nachdenklich …

B1

- L: „Abraham war schon sehr alt und immer noch kinderlos. Das Versprechen Gottes, Abraham zum Vater eines großen Volkes werden zu lassen, schien sich nicht zu erfüllen. Aber der Gedanke, dass Gott ihm ein Kind versprochen hatte, ließ ihn nicht los."
  Sch schreiben Gedanken Abrahams in Sprechblasen (**B2**). Mögliche Lösungen: Hat Gott mich vergessen? – Wird Gott sein Versprechen noch wahr machen? – Bleiben wir kinderlos? – …

### Begegnung/Erarbeitung
- L: „Eines Tages saß Abraham in seinem Zelt und grübelte: ‚Was nützen mir meine Herden und mein ganzer Reichtum? Ich habe keinen Sohn, der sie erben könnte.' Verbittert klagt er: ‚Wenn ich sterbe, wird einer meiner Diener mein Erbe sein.' Da vernahm er die Stimme Gottes: ‚Komm, komm heraus aus deinem Zelt! Abraham, schau doch hinauf zum Himmel!'"
- L legt „Die Verheißung an Abraham" von R. Büder (**B3**) als Folie auf.
- L: „Und Gott sprach: ‚Zähle die Sterne, wenn du sie zählen kannst!'"
  L: „Versucht mal, die Sterne zu zählen!"
- L: „Gott sprach: *Genauso zahlreich werden deine Nachkommen sein. Verlass dich auf mich! Nicht dein Diener, dein eigener Sohn wird dich beerben.*"

### Vertiefung
- L deckt auf dem Folienbild das Bild von Sara auf (s. Abb. auf dem AB): Eine strahlende Sara kommt zum Vorschein. L: „Was meint ihr? Hat sich die Verheißung von Gott an Abraham erfüllt?"
- L: „Abraham und Sara verließen sich auf Gott, und Gott stand zu seinem Wort. Sara wurde doch noch schwanger. Sie gebar einen Sohn, dem sie den Namen Isaak (d.h. „er lacht") gaben."

### Umsetzung
- Sch bearbeiten das AB.

B2

B3

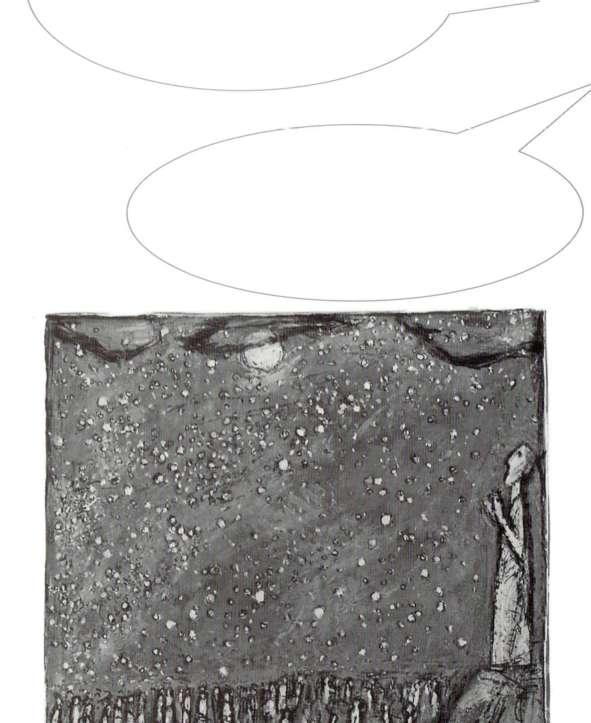

Rudolf Büder: Die Verheißung von Abraham

## Ängste, Fragen, Zweifel ... und trotzdem hoffen

Abraham wird immer älter. Manchmal fragt er sich, ob Gott wohl sein Versprechen halten wird.

Gott erneuert sein Versprechen:

„Abraham, schau doch hinauf zum Himmel und zähle die Sterne, wenn du sie zählen kannst! Genauso zahlreich werden deine Nachkommen sein."

Sara wurde schwanger und gebar dem Abraham einen Sohn.
Sie nannten ihn Isaak, d. h. „er lacht".

**Worauf ich hoffe und vertraue**

1. Male dich an die Stelle Abrahams in das Bild!
2. Schreibe in schöner Schrift in das Bild, worauf du hoffst und vertraust.
3. Male das Bild mit den Farben aus, die zu deiner Sehnsucht passen!

2. Sich auf den Weg machen – Abraham und Sara

## 2.7 Grenzenloser Glaube

### Kompetenz
Die Sch wissen, dass Abraham Unbegreifliches aushält und trotzdem auf Gott vertraut.

### Wiederholung
- L heftet Wortkarten (B1) an die Tafel.
- Sch ordnen sie der Reihe nach und berichten kurz von den Ereignissen.

### Motivation
- L: „Isaak wurde älter, und seine Eltern liebten ihn über alles. Doch eines Tages geschah etwas Unbegreifliches."
- L zeigt Folienausschnitt des Bildes von Rembrandt „Isaaks Opferung" (B2).
- Sch beschreiben den Folienausschnitt und stellen Vermutungen an.

### Begegnung
- L erzählt/Sch lesen Gen 22,1–13.

### Erarbeitung
- L: „Abraham gehen viele Gedanken und Fragen durch den Kopf, als er mit Isaak unterwegs ist."
- L: „Um die Geschichte richtig zu verstehen, muss man die Bräuche der damaligen Menschen kennen." L bringt Hintergrundinformation (B3) ein.
- L: „Der ‚Engel des Herrn' ist eine ehrfürchtige Umschreibung für Gott selbst. Formuliere seine Botschaft mit eigenen Worten!"
L hält Ergebnisse auf der Folie fest. Erwartung: Gott will keine Menschenopfer. Gott will, dass wir ihm vertrauen. Gott hilft uns, wenn wir verzweifelt sind.

### Vertiefung
- L legt Lied: „Ich hab einen Gott" (B4) als Folie auf. Sch lesen und singen.

### Transfer
- L: „Den Willen Gottes zu verstehen, das ist oft schwer. Es gibt Situationen, in denen Menschen Gott nicht verstehen können."

### Umsetzung/Sicherung
- Sch übertragen die Botschaft des Engels auf das AB.
- Sch beschreiben oder skizzieren Situationen, in denen Menschen Gott nicht verstehen können.

Rembrandt van Rijn: Die Opferung Isaaks © Christoph Ranzinger

**B3**

**„Hintergrundinformation"**

Die Nachbarvölker der Israeliten dachten damals, dass Gott von allem das Beste zusteht. Als das Beste galt immer, was zuerst geboren wurde und männlich war. Deshalb wurde jede männliche Erstgeburt von Tieren und sogar Menschen Gott als Opfer dargebracht. Diese Opfer waren nach ihrem Glauben Ausdruck von Gehorsam. Sie glaubten damit, den Segen des Schutzgottes zu erhalten. In Abrahams Sippe gab es im Gegensatz dazu keine Menschenopfer. Stattdessen wurden Tieropfer dargebracht. Die Israeliten waren stolz darauf, dass ihr Gott zwar Gehorsam forderte, das Opfer von Kindern aber ablehnte.

## Ich hab´einen Gott, der anders ist

Text: Rolf Krenzer
Musik: Peter Janssens

© Peter Janssens Musik Verlag / Telgte-Westfalen

2. Sich auf den Weg machen – Abraham und Sara

# Grenzenloser Glaube

Gott verlangt von Abraham: *„Bringe deinen Sohn Isaak auf dem Berg Morija als Brandopfer dar!"* Abraham macht sich auf den Weg.

**Ein Engel (Gott) greift ein:**

_____
_____
_____
_____
_____
_____
_____
_____
_____
_____

 Übertrage die Botschaft des Engels in das obere Kästchen!
Den Willen Gottes zu verstehen, das ist oft schwer. Es gibt Situationen, in denen Menschen Gott nicht verstehen. Beschreibe solche Situationen, oder gestalte dazu ein Bild!

 2 Sich auf den Weg machen – Abraham und Sara

## 2.8 Von Abraham Glauben lernen?

### Kompetenz
Die Schüler bringen eigene Lebenserfahrungen mit dem Glauben in Verbindung.

### Hinführung
- L zeigt Filmbild von Abraham als Folie (**B1**).
- L: „Ihr habt jetzt einiges über Abraham erfahren. Kann uns dieser Abraham heute auch noch etwas sagen?"
  Sch suchen Antworten. Erwartung: Abraham musste in seinem Leben schwierige Lebenssituationen bewältigen. Das geht uns Menschen heute noch genauso.

### Begegnung
- Sch lesen „Schwierige Lebenssituationen" von Jan, Anna, Chris, Tina und Lea (**B2**).

### Erarbeitung
- L: „An welche Situation im Leben von Abraham und Sara erinnern euch diese Beispiele?"
  (Lösung: Jan > Abrahams Aufbruch; Anna > Ankunft im neuen Land; Chris > Streit zwischen Abraham und Lot; Tina > Gottes Verheißung an Abraham; Lea > Grenzenloser Glaube)
  Sch halten Ergebnisse auf Folie von **B2** fest.

### Umsetzung
- L: „Wählt euch einen Jugendlichen aus, und überlegt, wie er beten könnte!" (**AB**)
- L: „Malt ein Bild zum Thema ‚Da hatte ich wirklich Gottvertrauen'! Stellt eure Ergebnisse einander vor!" (**AB**)

### Ausklang
- Abraham-Lied, z.B. „Ich hab' einen Gott, der anders ist".

# Schwierige Lebenssituationen

**B2**

**Jan:** Vor Kurzem ist Papa bei uns zu Hause ausgezogen. Zuvor hatte es viel Streit gegeben zwischen meinen Eltern. Jetzt vermisse ich Papa so sehr. Wie soll ich mich nur daran gewöhnen, dass ich ihn nur noch alle zwei Wochen sehen kann?

**Anna:** Der Wechsel an meine neue Schule war schwer. Vieles war fremd und neu für mich, aber ich habe darauf vertraut, dass ich es irgendwie schaffen würde.

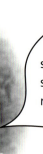

**Chris:** Mit meinem ehemals besten Freund treffe ich mich seit unserem letzten Streit nicht mehr so häufig. Trotzdem können wir uns noch offen in die Augen sehen.

**Tina:** Gestern war eine sternenklare Nacht. Lange hab ich den Sternenhimmel beobachtet. Wie groß muss Gott sein, wenn er das unendliche Weltall geschaffen hat und dann auch noch mich!

**Lea:** Mein Vater ist schon seit Langem arbeitslos. Jetzt sitzt er nur noch zu Hause rum, ist schlecht gelaunt und so mutlos geworden.

2. Sich auf den Weg machen – Abraham und Sara

# Von Abraham Glauben lernen?

So könnte ein Jugendlicher heute beten:

_____
_____
_____
_____
_____
_____
_____
_____
_____
_____
_____
_____
_____
_____

„Da hatte ich wirklich Gottvertrauen!" – Male ein Bild!

2. Sich auf den Weg machen – Abraham und Sara

## 3.1 Lauter Fragen – Wer war Jesus wirklich?

### Kompetenz
Die Schüler werden sich ihrer gegenwärtigen Vorstellungen von Jesus bewusst und finden Fragen zum Thema.

### Motivation/Themenfindung
- L legt Bild „Jesus" von Rembrandt (1606–1669) als Folie auf. (Eine farbige Folie liegt in der Folienmappe EL 5 vor.) Der Kopf des Bildes ist ausgeschnitten (**B1**). Sch stellen Vermutungen an und erkennen die Person Jesu.
- Brainstorming der Sch zum Stichwort „Jesus" (**B2**).

### Erarbeitung
- L legt in den ausgeschnittenen Bildausschnitt ein Folienstück mit einem Fragezeichen (**B3**) (alternativ: Overlayfolie).
  Sch äußern Vermutungen.
- L: „Stellt euch vor, ihr würdet jemanden treffen, der alles über Jesus weiß. Welche Fragen würdet ihr diesem Experten stellen?"
- Fragezettel werden verteilt. Sch notieren Fragen.
- Anschließend werden einige Fragen vorgelesen, aber noch keine Antworten gegeben.

### Vertiefung
- L: „Überlegt, welche Gründe es geben kann, dass für die einen ein Sachverhalt klar und eindeutig ist, während andere dazu viele Fragen haben."
- L und Sch legen Vorgehensweise fest, wie mit den Fragezetteln umgegangen werden soll, z. B. Beantwortung von Fragen zu Beginn der nachfolgenden Stunden oder Suche von Antworten als Hausaufgabe oder die Erstellung eines Frageposters durch das Aufkleben der Kärtchen auf eine Tapete.

### Sicherung/Hausaufgabe
- Quizfragen (**B4**) werden als Folie aufgelegt und von Sch beantwortet.

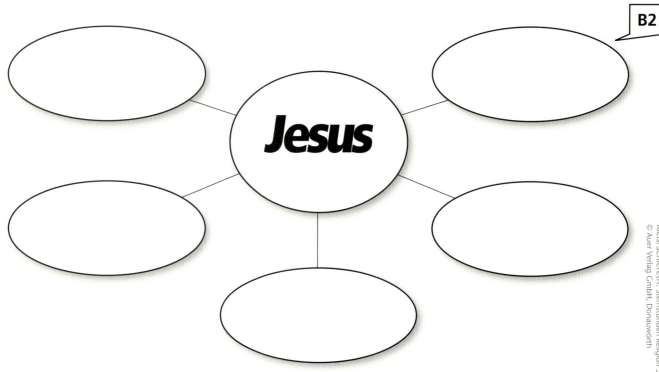

# Wer war Jesus wirklich?

## Was möchtest du über Jesus erfahren?

Vielleicht hast du den Wunsch, etwas über Jesus zu erfahren.

 Stelle dir vor, du würdest jemanden treffen, der alles über Jesus weiß: über seine Kindheit, wie er gelebt hat, wie er seine Botschaft verkündet hat und wie er gestorben ist. Was würdest du diesen Experten alles fragen? Stelle möglichst genaue Fragen und notiere sie in deinem Heft!

 Ergänze den folgenden Satz: „An Jesus finde ich gut, dass …" Denke dir mehrere Möglichkeiten aus.

_____

_____

_____

_____

_____

# Jesus-Quiz

B4

1. Die Geschichte der Geburt Jesu steht im Matthäusevangelium. In welchem Evangelium steht sie außerdem?
   - ❑ Markus
   - ❑ Johannes
   - ❑ Lukas

2. Wann wurde Jesus geboren?
   - ❑ etwa 7 v. Chr.
   - ❑ etwa 7 n. Chr.
   - ❑ genau im Jahr 0

3. Was bedeutet der Name „Jesus"?
   - ❑ Jahwe bringt Heil
   - ❑ Knecht
   - ❑ Gottessohn

4. In welchem Dorf kam Jesus (laut Weihnachtsgeschichte) zur Welt?
   - ❑ Jerusalem
   - ❑ Nazaret
   - ❑ Betlehem

5. Von welchem Herrscher stammt Jesus (nach biblischer Überlieferung) ab?
   - ❑ Kaiser Augustus
   - ❑ König David
   - ❑ König Herodes

6. Wer waren die Eltern Jesu?
   - ❑ Maria und Jakob
   - ❑ Maria und David
   - ❑ Maria und Josef

7. Wer taufte Jesus?
   - ❑ seine Eltern
   - ❑ Johannes
   - ❑ Petrus

8. Die Religion Jesu war …
   - ❑ das Christentum
   - ❑ der Islam
   - ❑ das Judentum

9. Jesus hat vermutlich den Beruf seines Vaters gelernt. Dieser war
   - ❑ Bauer
   - ❑ Hirte
   - ❑ Zimmermann

10. Jesus lebte im Land …
    - ❑ Kanaan
    - ❑ Palästina
    - ❑ Ägypten

11. Welche Haarfarbe hatte Jesus?
    - ❑ weiß man nicht
    - ❑ schwarz
    - ❑ dunkelbraun

12. Wie viele Apostel hatte Jesus?
    - ❑ elf
    - ❑ zwölf
    - ❑ dreizehn

13. Welches Gebet lehrte Jesus seine Jünger?
    - ❑ das Vaterunser
    - ❑ das Schuldbekenntnis
    - ❑ das Ave Maria

14. Wer unterschrieb das Todesurteil Jesu?
    - ❑ der Hohepriester Kajaphas
    - ❑ der römische Kaiser
    - ❑ Pontius Pilatus

15. Wer sagte nach dem Evangelisten Matthäus: „Wahrhaftig, das war Gottes Sohn!"
    - ❑ die Mutter Jesu
    - ❑ der Lieblingsjünger Jesu
    - ❑ ein römischer Hauptmann

16. Wo starb Jesus?
    - ❑ im Garten Getsemani
    - ❑ auf dem Berg Golgota
    - ❑ auf dem Ölberg

17. Was bedeutet der Name „Christus"?
    - ❑ der Geopferte
    - ❑ der Gesalbte
    - ❑ der Gekreuzigte

18. An welchem Tag feiert die Kirche die Auferstehung Jesu?
    - ❑ Ostern
    - ❑ Gründonnerstag
    - ❑ Karfreitag

**Jesus-Quiz – Lösung**

1. Die Geschichte der Geburt Jesu steht im Matthäusevangelium. In welchem Evangelium steht sie außerdem? – Lukas
2. Wann wurde Jesus geboren? – etwa 7 v. Chr.
3. Was bedeutet der Name „Jesus"? – Jahwe bringt Heil
4. In welchem Dorf kam Jesus (laut Weihnachtsgeschichte) zur Welt? – Betlehem
5. Von welchem Herrscher stammt Jesus (nach biblischer Überlieferung) ab? – König David
6. Wer waren die Eltern Jesu? – Maria und Josef
7. Wer taufte Jesus? – Johannes
8. Die Religion Jesu war … – das Judentum
9. Jesus hat vermutlich den Beruf seines Vaters gelernt. Dieser war – Zimmermann
10. Jesus lebte im Land … – Palästina
11. Welche Haarfarbe hatte Jesus? – weiß man nicht
12. Wie viele Apostel hatte Jesus? – zwölf
13. Welches Gebet lehrte Jesus seine Jünger? – das Vaterunser
14. Wer unterschrieb das Todesurteil Jesu? – Pontius Pilatus
15. Wer sagte nach dem Evangelisten Matthäus: „Wahrhaftig, das war Gottes Sohn!" – ein römischer Hauptmann
16. Wo starb Jesus? – auf dem Berg Golgota
17. Was bedeutet der Name „Christus"? – der Gesalbte
18. An welchem Tag feiert die Kirche die Auferstehung Jesu? – Ostern

## 3.2 Aufgewachsen in Nazaret

### Kompetenz
Indem die Sch Bereiche der realen Lebensumwelt Jesu erkunden, werden die biblischen Erzählungen für sie anschaulicher und wirklichkeitsbezogener.

### Vorbereitung
- L sichtet die von den Sch in der ersten Stunde gesammelten Fragen und wählt die Fragen aus, die in dieser Stunde beantwortet werden können.

### Motivation/Themenfindung
- Sch versammeln sich im Sitzkreis.
- L führt die Sch durch eine Fantasiereise nach Nazaret in Palästina **(B1)**.
- Auf dem Fußboden in der Mitte gestalten L und Sch das Land Palästina als Bodenbild:
  – Kordeln oder Seile: Küste des Mittelmeeres und Jordan (vgl. Skizze unten)
  – blaue Tücher: Mittelmeer, See Gennesaret und Totes Meer
  – grüne, braune, gelbe Tücher: fruchtbares Land, bergiges Land und Wüste.
- L markiert auf dem Bodenbild (z. B. durch einen Stein) den Ort Nazaret.
- L: „Dieser Ort heißt Nazaret. Über diesen Ort und wie Jesus dort in seiner Kindheit und Jugend gelebt hat, werden wir heute etwas erfahren."
- L verteilt die ausgewählten Fragen der Sch auf dem Bodenbild.

### Begegnung/Erarbeitung
- L: „Es gibt keine Biografie von Jesus, und auch die Evangelien sind keine historisch genauen Lebensbeschreibungen der Person Jesu. Durch die Sammlung von Informationen aus verschiedenen Wissensgebieten können wir uns aber trotzdem ein gewisses Bild über seine Herkunft und über die Familie, aus der er stammte, machen.
- L verteilt für arbeitsteilige PA/GA Infotexte und Arbeitsaufträge **(B2a–f)**.
- Sch tragen Ergebnisse vor.
- L hält nach Möglichkeit die notwendigen Lückenwörter fest (vgl. AB).
- Die für diese Stunde ausgewählten Schülerfragen werden – möglichst von den Schülern selbst – beantwortet.

### Sicherung/Hausaufgabe
- Sch bearbeiten AB.
- L lädt Sch ein, sich bis zur nächsten Unterrichtsstunde von ihren Eltern erzählen zu lassen, womit sie als kleine Kinder ihre Eltern „überrascht" oder „erstaunt" haben.

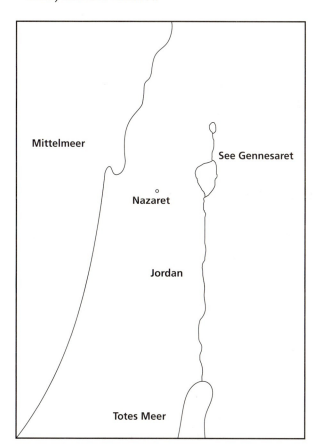

### Fantasiereise nach Nazaret in Galiläa

Ich möchte dich in ein weit entferntes Land führen, in das Land, in dem Jesus gelebt hat. Schließe die Augen, und spüre, wie dein Atem tief in dich hinein, und langsam wieder herausströmt. Versuche, ganz ruhig zu werden.

Vorsichtig stehst du in Gedanken auf und gehst hinaus auf den Schulhof. Dort weht ein warmer Wind. Da merkst du, wenn du langsam tief einatmest, dass du schwerelos wirst und beginnst zu fliegen. Du schwebst über den Schulhof und schaust dir die grünen Bäume und die farbigen Häuser an, die immer kleiner werden.

Die Reise geht nach Süden. Du überfliegst die Alpen; auf manchen Gipfeln liegt noch Schnee. Nun bist du über Italien. Du fliegst über das Mittelmeer in Richtung Osten.

Die Zeit vergeht wie im Flug, und zwar rückwärts. Je weiter du fliegst, desto weiter kommst du in die Vergangenheit, und das ist interessant für dich. Du folgst warmen Luftströmen, sie tragen dich auf eine Küste zu. Du schaust auf das Land unter dir und vermutest: Das muss Palästina vor ungefähr 2000 Jahren sein. Richtig, du befindest dich im Heiligen Land zurzeit Jesu.

Rechts unten erkennst du die Stadt Jerusalem. Im Hintergrund siehst du ein blaues Band, den Jordan. An einer Stelle verbreitert sich der Fluss zu einem See, dem See Gennesaret. Es ist ein wirklich großer See.

Du siehst viele kleine Dörfer. Ein Dorf fällt dir besonders auf. Dort landest du auf einer schönen Wiese. Du atmest die gute Luft tief ein und merkst: Hier kannst du dich wohlfühlen.

Von deiner Wiese aus erblickst du ein kleines Haus, das sehr einladend wirkt. Du stehst auf und gehst dorthin. In der Tür steht ein Mann, ein Bauer, der ein weiß-blau gestreiftes Gewand trägt. Er hat ein großes Tuch um den Kopf gewickelt, das mit einem Reif um die Stirn gehalten wird. Die Tuchenden hat er um die Schultern geschwungen. Er lächelt dich an und wünscht dir mit einer einladenden Geste Frieden. Du erwiderst seinen Gruß und folgst seiner Einladung in das Haus.

Du schaust dich um. Auf dem Boden liegen einfache, gewebte Teppiche. In die Wand ist ein Brett eingelassen, auf dem Tonkrüge und Schalen stehen. Das Strohdach über dir wird von drei dicken Balken getragen. In der Mitte des Raumes steht ein gedeckter Tisch, an dem du Platz nimmst. Frisches Fladenbrot, gebackener Fisch und süße Datteln stehen für dich bereit. Das kalte Wasser, das dir dein Gastgeber aus einem Krug einschenkt, tut gut und erfrischt dich. Noch selten hast du so gut gegessen wie hier. Es ist einfach wundervoll.

Nach dem Essen gehst du mit dem Bauern vor das Haus, und ihr lasst euch in der warmen Sonne auf dem Boden nieder. Er erzählt, dass zurzeit ein ganz besonderer junger Mann hier aufgewachsen ist, den sie Jesus nennen. Du wirst neugierig und beschließt, eine Zeit lang hier zu bleiben, um dir das Land anzusehen und vor allem, um diesen „Jesus" kennenzulernen.

Aber jetzt kommst du erst einmal wieder in die Gegenwart zurück. Du spürst wieder deine Arme und deine Beine. Vorsichtig bewegst du dich. Langsam öffnest du die Augen und schaust dich um.

# Infotexte und Arbeitsaufträge

## Der Name Jesus

Der Name „Jesus" ist ein griechisches Wort. Es geht zurück auf das aramäische Wort „Jeschua" und bedeutet „Jahwe ist Hilfe". Aufgewachsen ist Jesus in einer Großfamilie, einer Sippe. Seine Eltern waren Maria und Josef. Im Neuen Testament ist auch von Brüdern und Schwestern Jesu die Rede. Der aramäische Ausdruck für Bruder und Schwester kann aber auch andere Verwandtschaftsgrade bezeichnen. Deshalb lässt sich die Frage, ob Jesus leibliche Geschwister hatte oder Cousinen und Vettern, historisch nicht mehr sicher klären.

**Erklärt, was der Name Jesus bedeutet und wer zur Familie Jesu gehörte!**

## Der Beruf Jesu und seines Vaters

Josef, der Vater von Jesus, übte den Beruf eines „Zimmermanns" aus. Der griechische Name „tekton" bezeichnet einen Bauhandwerker, der die Dachbalken der Häuser zurechthaut, der Pflüge und Joche herstellt, der Türen, Holzkästen, Gestelle zimmert. Josef war also Zimmermann, Schreiner, Drechsler, Wagner und Maurer in einem. Von ihm hat Jesus sicher auch das Bauhandwerk gelernt, da es damals üblich war, dass Söhne den Beruf des Vaters übernehmen. Weil Jesus nach dem – vermutlich bald erfolgten – Tod seines Vaters Josef zahlreiche Familienmitglieder zu versorgen hatte, musste er bestimmt sehr viel arbeiten und auf der Suche nach Arbeit im Land herumziehen. Dabei lernte er Land und Leute kennen. Maria, seine Mutter, war für den ganzen Haushalt zuständig. Sie kochte, holte das Wasser aus der Zisterne, versorgte die Tiere und bewirtete die Gäste.

**Erzählt vom Beruf Jesu und seines Vaters!**

## Nazaret – die Heimat Jesu

Die Familie Jesu lebte in Nazaret, einem armen und unbedeutenden Ort in der Provinz Galiläa im Land Palästina inmitten des galiläischen Hügellandes. Heute gehören große Teile dieses Gebiets zum Land Israel. Um Nazaret zu erreichen, musste man einen steilen und beschwerlichen Anstieg von 250 Meter Höhenunterschied auf sich nehmen. Nazaret lag in einem kleinen Talkessel, an einen Bergrücken gelehnt. Das Dorf hatte schätzungsweise 200 Einwohner, vor allem Handwerker und Bauern, und befand sich abseits der großen Verkehrswege. Es hatte zahlreiche in den weichen Fels gehauene Höhlen und auf Terrassen am Berghang gebaute Häuser. Die ungepflasterten Gassen waren schmal, uneben, unregelmäßig und lagen ziemlich steil übereinander. In der Regenzeit waren sie voller Schmutz und Unrat und in der trockenen Jahreszeit sehr staubig. Für die Wasserversorgung sorgte eine Quelle. Zur Zeit Jesu hatte der Ort nicht den besten Ruf.

**Berichtet, wie es damals in Nazaret aussah!**

## Das Leben der einfachen Leute

Im damaligen Palästina herrschte ein starkes soziales Gefälle. Es gab eine kleine, reiche Oberschicht, eine Mittel-, und eine breite Unterschicht. Die Zahl derer, die mit ihren Familien sorglos lebten, war gering; eine Mehrheit erreichte mit Mühe und Not das Nötigste zum Leben. Trotz schwerer Arbeit und trotz großer Sparsamkeit waren die Familien sehr arm. Von der römischen Besatzungsmacht wurden Steuern und Tribute gefordert. So zahlten alle jüdischen Bauern eine Grundsteuer nach Größe und Ausstattung ihres landwirtschaftlichen Betriebes. Knapp die Hälfte aller landwirtschaftlichen Erzeugnisse mussten für Steuern aufgewendet werden. Es gab sehr viele Arme. Dazu gehörten Arbeitslose, Sklaven, Bettler und Kranke. Viele verließen das Land und siedelten sich in den Provinzen des Römischen Reiches an.

**Berichtet, wie es damals den einfachen Leuten, den Kleinbauern und Armen, erging!**

 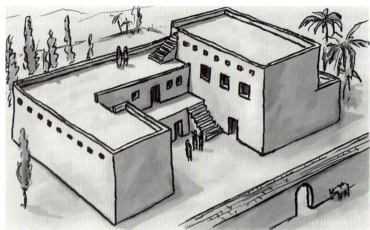

### Die Häuser in Galiläa [B2e]

Die Häuser in Galiläa unterschieden sich damals wohl nicht wesentlich von denen, die man heute noch in Palästina findet. Sie waren aus ungebrannten Lehmziegeln gebaut und weiß getüncht. Für ein Haus brauchte man etwa 4000 Ziegel. Sie wurden beim Bau der Wände übereinandergeschichtet und mit Lehm verbunden. In den Wänden wurden Fensteröffnungen eingelassen, und zwar ziemlich weit oben, um es Dieben nicht zu einfach zu machen. Das Schwierigste waren natürlich die Dächer, die mit Balken, Ästen, Strauchwerk und Lehm errichtet wurden. Dadurch wurden sie so fest, dass man auf ihnen spielen und sich mit Freunden treffen konnte. Die Häuser waren klein und hatten meistens nur einen Raum, weil sich das alltägliche Leben zum großen Teil im Freien abspielte. Aber es blieb Platz zum Essen, zum Schlafen, für einen Herd, für die Mühle zum Mahlen des Getreides, für die Vorräte und Gerätschaften und für Haustiere, wie Schafe, Ziegen, Hühner und manchmal auch ein Rind. Vor dem Hauseingang lag oft ein kleiner, von Laub überdachter Vorhof. Über eine Außentreppe erreichte man das flache Dach, auf dem manchmal ein Obergemach stand. Das aus Lehm gefertigte Flachdach diente auch zum Aufbewahren von Waren. Das Hausinnere bestand aus einem einzigen Raum mit einem tiefer gelegenen Stall- und einem höher gelegenen Wohnteil. In einem abschließbaren Verschlag befand sich die Speisekammer. Gestelle und Nischen dienten als Ablage für Haushaltgeräte, Kleider, Werkzeuge und andere Besitztümer. Für Wertvolleres gab es Truhen. Das Nachtlager bestand aus dem Mantel oder aus Matten, die man um die Feuerstelle ausbreitete.

**Erkärt, wie damals die Häuser gebaut waren und wie man in ihnen wohnte!**

### Die Hoffnung der Juden [B2f]

Zur Zeit Jesu war Palästina kein selbstständiger Staat, sondern Teil des Römischen Reiches, das Kaiser Augustus von Rom aus regierte. Für die Juden war es sehr schwer, die Römer als fremde Besatzung in ihrem eigenen Land dulden zu müssen. Besonders der Glaube der Juden an den einen Gott Jahwe stand in großem Gegensatz zum Glauben der Römer, die viele Götter verehrten. Auch der Kaiser wurde als Gott verehrt. Deswegen warteten die Juden damals auf einen Mann, der sie von den Römern befreien würde. Diesen Mann nannten sie Messias, das heißt: der Gesalbte. Die Kranken erhofften von ihm Gesundheit, die Unterdrückten „Gerechtigkeit", die Hungernden Brot.
Mit Sicherheit hat Jesus als junger Mann seine gesellschaftliche Umwelt mit großer Besorgnis wahrgenommen. Er, der selbst der unteren Mittelschicht angehörte, schenkte seine Aufmerksamkeit besonders den Armen und Notleidenden.

**Erzählt, worauf die Juden damals hofften!**

# Aufgewachsen in Nazaret

### Der Name Jesus

Der Name „Jesus" ist ein griechisches Wort und bedeutet „Jahwe ist _____". Jesus wuchs in einer Großfamilie auf, einer Sippe. Seine Eltern waren Maria und Josef.

### Der Beruf Jesu und seines Vaters

Josef übte den Beruf eines _____ _____ aus. Von ihm hat Jesus sicher auch das Bauhandwerk gelernt. Er musste im Schweiße seines Angesichtes arbeiten. Maria, seine Mutter, war für den ganzen Haushalt zuständig. Sie kochte, holte das Wasser aus der Zisterne, versorgte die Tiere und bewirtete die Gäste.

### Nazaret – die Heimat Jesu

Nazaret war ein armer und _____ _____ Ort in der Provinz Galiläa im Land Palästina. Das Dorf hatte schätzungsweise 200 Einwohner, vor allem Handwerker und Bauern. Zurzeit Jesu hatte der Ort nicht den besten Ruf.

### Das Leben der einfachen Leute

Im damaligen Palästina hatte die Mehrheit mit Mühe und Not das _____ zum Leben. Trotz schwerer Arbeit und trotz großer Sparsamkeit waren die Familien immer dem Elend nahe. Knapp die Hälfte aller landwirtschaftlichen Erzeugnisse mussten für Steuern aufgewendet werden. Es gab sehr viele Arme. Dazu gehörten Arbeitslose, Sklaven, Bettler und Kranke.

### Die Häuser in Galiläa

Die Häuser waren aus ungebrannten _____ gebaut und weiß getüncht. Die Dächer wurden mit Balken, Ästen, Strauchwerk und Lehm errichtet. Die Häuser hatten meistens nur einen Raum, weil sich das alltägliche Leben zum großen Teil im Freien abspielte. Über eine Außentreppe erreichte man das flache Dach, auf dem manchmal ein Obergemach stand.

### Die Hoffnung der Juden

Palästina war Teil des Römischen Reiches. Der Glaube der Juden an den einen Gott Jahwe stand in großem Gegensatz zum Glauben der Römer, denn diese verehrten viele Götter, und auch der Kaiser wurde als _____ verehrt. Die Juden warteten damals auf einen Mann, der sie von den Römern befreien würde. Diesen Mann nannten sie _____, das heißt: der Gesalbte.

---

Trage die Lückenwörter ein:
Messias – unbedeutender – Gott – Lehmziegeln – Hilfe – Zimmermanns – Nötigste.

## 3.3 Jesus bringt Menschen zum Staunen

### Kompetenz
Die Schüler begegnen der biblischen Erzählung vom zwölfjährigen Jesus im Tempel von Jerusalem (Lk 2,41–52) und vergleichen sie mit einem Bild von Max Liebermann.

### Vorbereitung
- L sichtet die von den Sch in der ersten Stunde gesammelten Fragen und wählt die Fragen aus, die in dieser Stunde beantwortet werden können.

### Motivation/Themenfindung
- L: „Ihr habt zu Hause gefragt, womit ihr eure Eltern zum Staunen gebracht habt, als ihr noch klein wart."
  Sch berichten.
- L: „Von Jesus gibt es auch so eine Geschichte."

### Begegnung
- L legt Folie des Bildes von Max Liebermann „Der zwölfjährige Jesus im Tempel unter den Schriftgelehrten" (B1) auf.
- Sch betrachten das Bild zunächst in Stille und sammeln dann möglichst viele und genaue Einzelbeobachtungen.
- L bringt Hintergrundinformationen zum Bild ein (B2).
- Sch legen den dargestellten Personen Sätze in den Mund. L notiert sie auf einer Overlayfolie.
- L: „Jesus war jetzt 12 Jahre alt und näherte sich seiner religiösen Volljährigkeit, um mit 13 ein Bar Mizwa, ein Sohn des Gesetzes, zu werden."
- Sch lesen Lk 2,41–52.

### Erarbeitung
- L: „Vergleicht die Erzählung mit dem Bild von Max Liebermann!" Erwartung: Die biblische Erzählung ist dramatisch und ausführlich. Das Bild bezieht sich nur auf die Verse 46b und 47. Die Sorge der Eltern Jesu und das Wiederfinden spielen keine Rolle im Bild. Das Erstaunen der Lehrer ist in den Gesichtern vielfältig abgewandelt dargestellt: Nachdenklichkeit, Skepsis, Verwunderung, wohlwollendes Interesse usw.
- L: „Die Geschichte zeigt, was dem Evangelisten Lukas an Jesus besonders wichtig war."

### Vertiefung
- L: „Heutzutage wissen wir, dass es sich bei dem Text aus dem Lukasevangelium um „Geschichte in Geschichten" handelt, d.h. wir wissen nicht, ob sich alles wirklich genauso zugetragen hat. Daher darf man diese Erzählung nicht als Tatsachenbericht missverstehen. Hinter der Erzählung steht das Bemühen, dem Leser deutlich zu machen, was Jesus für ein Mensch war.
- L notiert an TA: „Jesus war einer, der … "
  Sch ergänzen den Satz (TA).
- Die für diese Stunde ausgewählten Schülerfragen werden – möglichst von den Schülern selbst – beantwortet.

### Sicherung/Hausaufgabe
- Sch bearbeiten AB.

*Max Liebermann, (1847–1935), Der zwölfjährige Jesus im Tempel unter den Schriftgelehrten, 1879, Öl auf Leinwand, 149,6 x 130,6 cm, Hamburger Kunsthalle*

## Hintergrundinformation

Max Liebermann hat die Szene ganz ähnlich wie im Lukasevangelium gemalt; sehr menschlich und vor allem sehr jüdisch. Jesus hat in der Mitte des Bildes engagiert die Hände gehoben und spricht. Ob er gerade fragt oder auf eine Frage antwortet, das können wir nicht erkennen. Ihm gegenüber in Augenhöhe sitzt ein Lehrer – vielleicht ein Rabbi – dem der Tallit, der Gebetsmantel, lose um die Schultern hängt. In der rechten Hand hält er ein aufgeschlagenes Buch, vielleicht einen Band der Tora. Aufmerksam und sehr wohlwollend streicht er über seinen Bart. Jesus wird ernst genommen, und er fühlt sich ernst genommen. Es herrscht eine konzentrierte Atmosphäre. Zwischen Jesus und dem Rabbi spürt man so etwas wie Gleichberechtigung und Partnerschaft. So könnte Lernen sein: Der Schüler in der Mitte, umringt von aufmerksamen Lehrern; kein Frontalunterricht und keine Belehrung von oben herab. Als das Bild auf einer Münchner Kunstausstellung 1879 zum ersten Mal gezeigt wurde, fanden viele das Bild zu menschlich und sogar gotteslästerlich. Ein jüdischer Maler wagte es, den Jesusknaben nach dem Modell eines italienischen Gassenjungen zu malen und das christliche Publikum an die jüdische Herkunft Jesu zu erinnern. Kirchliche Vertreter verlangten – jedoch ohne Erfolg – die Entfernung des „gemeinen" Bildes. Liebermann zog dieses Bild aus dem Verkehr und machte aus dem rothaarigen Gassenjungen einen blondgelockten Jungen.

# Jesus bringt Menschen zum Staunen

Der zwölfjährige Jesus im Tempel (Lk 2,41–52)

**Jesus war einer, der …**
_____
_____

**Was anschließend geschah (Lk 2,51):**
_____
_____
_____

1. Notiert in den Sprechblasen, was die Rabbiner wohl denken oder sagen könnten.
2. Ergänzt den Satz im Kästchen.
3. Schlagt die Bibelstelle Lk 2,51 auf, und übertragt sie.

## 3.4 Jesus geht auf Menschen zu

### Kompetenz
Die Sch wissen, dass Jesus sich damals vor allem benachteiligten Menschen zugewandt hat.

### Vorbereitung
- L sichtet die von den Sch in der ersten Stunde gesammelten Fragen und wählt die Fragen aus, die in dieser Stunde beantwortet werden können.

### Motivation/Themenfindung
- L legt Karikatur „Das schwarze Schaf" (**B1**) als Folie auf. Sch beschreiben und deuten.
- L: „Schwarze Schafe gibt es auch heute bei uns." Sch nennen Beispiele.
- L: „Auch zur Zeit Jesu gab es Gruppen von Menschen, die als schwarze Schafe angesehen wurden. Das waren die Frauen, das waren die Zöllner und das waren die ausländischen, d.h. die römischen Soldaten."

### Begegnung/Erarbeitung
- L teilt Sch in Gruppen ein (PA/GA).
- Infotexte und Lückentexte (**B2a–c**) werden verteilt (arbeitsteilig). Evtl. werden die Lückentexte als Folien verteilt.
- Sch lesen den Text und füllen den Lückentext aus (evtl. mit Folienstiften).

### Auswertung
- Sch lesen die ausgefüllten Lückentexte vor bzw. sie legen die Folien auf.
- Die Ergebnisse werden (evtl.) auf einer Folie des AB festgehalten.

### Vertiefung
- Die für diese Stunde ausgewählten Schülerfragen werden – möglichst von den Sch selbst – beantwortet.

### Transfer
- L: „Zu welchen Menschen, die bei uns benachteiligt sind, würde Jesus heute gehen?"
- L: „Was würde Jesus vielleicht zu diesen Menschen sagen?" „Was würde er ihnen vorschlagen?"

### Sicherung/Hausaufgabe
- Sch bearbeiten AB.

**B1**

## Jesus geht auf Frauen zu

B2a

Dass Jesus eine Gruppe von Männern um sich versammelte und mit ihnen durch das Land zog, habt ihr ja schon gehört. Ihr müsst euch das ganz anschaulich vorstellen. Da geht ein Mann, ca. 30 Jahre alt, predigend von Stadt zu Stadt und von Dorf zu Dorf. Begleitet wird er von einer Gruppe von Männern, denen man noch ansieht, dass sie bis vor kurzem einfache Fischer und Handwerker gewesen sind. Jesus muss diese Männer regelrecht in seinen Bann gezogen haben, sonst wären sie ihm nicht gefolgt. Natürlich hat er sie nicht nur durch seine Person, sondern auch durch seine Botschaft begeistert. Er sprach von Gott ganz anders, als sie es bisher gewohnt waren. Wenn die Mädchen unter euch hören, dass Jesus Männer um sich versammelte, dann werden sie bestimmt fragen: Und was war mit den Frauen? Das ist eine gute Frage, denn in der damaligen Zeit spielten die Frauen im öffentlichen Leben selten eine Rolle. Einem jüdischen Rabbi (Lehrer) war es nicht erlaubt, mit Frauen in seiner Begleitung durch das Land zu ziehen. Auch in anderen Bereichen waren die Frauen den Männern nicht gleichgestellt. Jesus dagegen hält sich nicht an die alten Gewohnheiten. Frauen gehörten zum engeren Kreis derer, die Jesus begleiteten. Es gab Frauen, die Jesus mit Kleidung, Verpflegung und Unterkunft unterstützten. Nach den Berichten der Evangelien hielten Frauen bis zuletzt unter dem Kreuz bei Jesus aus. Frauen sind auch die ersten Zeugen der Auferstehung. Wenn Jesus Menschen begegnete, dann fühlten sich diese offensichtlich sofort ganz anders. Es war, als wenn eine heilsame Energie auf sie überging und ihr Leben plötzlich veränderte. Das müssen auch die Frauen, die Jesus begegneten, erlebt haben. Für sein Verhalten Frauen gegenüber wurde Jesus von den Pharisäern kritisiert. Aber er kümmerte sich nicht darum.

---

In der damaligen Zeit spielten die Frauen im _____ Leben selten eine große Rolle. Sie waren den Männern nicht _____. Jesus hält sich nicht an die alten _____. Frauen gehörten zu seinem _____ Kreis. Sie müssen gespürt haben, dass von Jesus eine heilsame Energie ausging, die ihr Leben _____. Frauen hielten bis zuletzt unter dem _____ bei Jesus aus. Frauen waren auch die ersten _____ der Auferstehung. Um die Kritik von den Pharisäern kümmerte sich Jesus _____.

## Jesus geht auf Zöllner zu

Bei den Zöllnern handelt es sich um eine Gruppe von Menschen, die in der damaligen jüdischen Gesellschaft wenig geachtet, ja verachtet wurde. An Brücken, Stadttoren und Grenzen standen im ganzen Land Zollhäuser. Auf den Tischen vor diesen Häusern mussten die Reisenden die Waren vorzeigen, die sie auf dem Markt verkaufen wollten. Die Zöllner schätzten den Wert der Waren und verlangten Zoll dafür.

Du kannst dir sicher vorstellen, dass es bei der Schätzung des Warenwertes und der Festlegung des Zolls sehr willkürlich zugehen konnte. Aus diesem Grund wurden die Zöllner als Erpresser und Betrüger betrachtet. Hinzu kam, dass die Zöllner mit der römischen Besatzung zusammenarbeiteten und den größten Teil der Zölle an die Regierung abliefern mussten. Juden, die Zöllner wurden, gehörten oft nicht mehr zur Familie und wurden wie Aussätzige behandelt. Jesus kam bei seinen Wanderungen von Ort zu Ort natürlich oft an Zollstationen vorbei. Er hatte wohl kaum etwas zu verzollen, aber er kam mit den Zöllnern ins Gespräch. Einen dieser Zöllner, Matthäus wird er genannt, lud Jesus sogar ein, sein Jünger zu werden und mit ihm zu ziehen. Zuerst wird Matthäus misstrauisch und ablehnend gewesen sein. Aber dann wird Jesus ihm etwas gesagt haben, das ihn dazu brachte, alles stehen und liegen zu lassen und Jesus zu folgen. Er lädt sogar Jesus und seine Kollegen vom Zoll zu einem Fest bei sich zu Hause ein. Das wiederum ruft die Pharisäer auf den Plan. Sie kommen zum Haus des Matthäus, bleiben am Hoftor stehen und fragen laut: „Wie kann sich ein Rabbi mit Zolleintreibern und anderem Gesindel an einen Tisch setzen?" Jesus hört die vorwurfsvollen Fragen. Er steht ruhig auf, geht ans Tor zu den Protestierenden und fragt sie: „Wer braucht einen Arzt? Die Gesunden oder die Kranken?" „Die Kranken", sagt einer der Pharisäer. „Richtig", sagt Jesus. „Darum bin ich hier. Ich gehe nicht zu den Menschen, bei denen alles in Ordnung ist, sondern zu den ausgestoßenen Sündern. Die haben Gottes frohe Botschaft am nötigsten." Dann geht Jesus wieder zum Tisch.

---

Juden hatten gegen die _____ eine Menge einzuwenden. Ihre Schätzungen des Zollwerts waren oft _____, und sie arbeiteten mit den _____ zusammen. Deswegen wurden sie oft wie _____ behandelt. Jesus dagegen geht auf die Zöllner zu und lädt den Matthäus ein, sein _____ zu werden. Weil Jesus sogar mit Zöllnern am Tisch sitzt, _____ die Pharisäer. Jesus lässt sich nicht beirren. Durch eine geschickte Frage macht er den Pharisäern klar, dass er ganz _____ zu denen geht, bei denen nicht alles in _____ ist.

# Jesus geht auf Ausländer zu

B2c

Palästina war zur damaligen Zeit von römischen Soldaten besetzt. Diese waren natürlich keine gläubigen Juden. Ein solcher römischer Hauptmann hatte einen Diener, der todkrank war und den er sehr schätzte. Als der Hauptmann von Jesus hörte, schickte er einige von den jüdischen Ältesten zu ihm mit der Bitte, zu kommen und seinen Diener zu retten. Sie gingen zu Jesus und baten ihn inständig. Sie sagten: „Er verdient es, dass du seine Bitte erfüllst; denn er liebt unser Volk und hat uns die Synagoge gebaut." Da ging Jesus mit ihnen. Als er nicht mehr weit von dem Haus entfernt war, schickte der Hauptmann Freunde und ließ ihm sagen: „Herr, bemüh dich nicht! Denn ich bin es nicht wert, dass du mein Haus betrittst. Deshalb habe ich mich auch nicht für würdig gehalten, selbst zu dir zu kommen. Sprich nur ein Wort, dann muss mein Diener gesund werden. Auch ich muss Befehlen gehorchen, und ich habe selber Soldaten unter mir; sage ich nun zu einem: Geh!, so geht er, und zu einem andern: Komm!, so kommt er, und zu meinem Diener: Tu das!, so tut er es." Jesus war erstaunt, als er das hörte. Und er wandte sich um und sagte zu den Leuten, die ihm folgten: „Ich sage euch: Nicht einmal in Israel habe ich einen solchen Glauben gefunden." Und als die Männer, die der Hauptmann geschickt hatte, in das Haus zurückkehrten, stellten sie fest, dass der Diener gesund war.

---

Auch Menschen, die nicht der _____ Religion angehörten, hörten von Jesus und seiner Botschaft. Ein römischer _____ vertraute fest darauf, dass Jesus seinen _____ retten könnte, wenn er nur jemanden mit dieser _____ zu Jesus schicken würde. Dieser Glaube _____ sogar Jesus und er stellt diesen Hauptmann als Vorbild für die Juden hin. Und wirklich, der Diener wurde _____ .

# Jesus geht auf Menschen zu

### … auf Frauen

In der damaligen Zeit spielten die Frauen im _____ Leben selten eine große Rolle. Sie waren den Männern nicht _____. Jesus hält sich nicht an die alten _____. Frauen gehörten zu seinem _____ Kreis. Sie müssen gespürt haben, dass von Jesus eine heilsame Energie ausging, die ihr Leben _____. Frauen hielten bis zuletzt unter dem _____ bei Jesus aus. Frauen waren auch die ersten _____ der Auferstehung. Um die Kritik von den Pharisäern kümmerte sich Jesus _____ .

### … Zöllner

Juden hatten gegen die _____ eine Menge einzuwenden. Ihre Schätzungen des Zollwerts waren oft _____, und sie arbeiteten mit den _____ zusammen. Deswegen wurden sie oft wie _____ behandelt. Jesus dagegen geht auf die Zöllner zu und lädt den Matthäus ein, sein _____ zu werden. Weil Jesus sogar mit Zöllnern am Tisch sitzt, _____ die Pharisäer. Jesus lässt sich nicht beirren. Durch eine geschickte Frage macht er den Pharisäern klar, dass er ganz _____ zu denen geht, bei denen nicht alles in _____ ist.

### … Ausländer

Auch Menschen, die nicht der _____ Religion angehörten, hörten von Jesus und seiner Botschaft. Ein römischer _____ vertraute fest darauf, dass Jesus seinen _____ retten könnte, wenn er nur jemanden mit dieser _____ zu Jesus schicken würde. Dieser Glaube _____ sogar Jesus, und er stellt diesen Hauptmann als Vorbild für die Juden hin. Und wirklich, der Diener wurde _____.

---

**Lückenwörter**

öffentlichen – gleichgestellt – Gewohnheiten – engeren – veränderte – Kreuz – Zeugen – nicht
Zöllner – sehr willkürlich – Römern – Aussätzige – Jünger – protestieren – bewusst – Ordnung
jüdischen – Hauptmann – Diener – Bitte – erstaunt – gesund

## 3.5 Jesus vertreibt die Händler aus dem Tempel

### Kompetenz

Die Sch entdecken am Beispiel der Tempelreinigung, dass Jesus nicht nur freundlich und liebenswürdig war, sondern sich für die Sache Gottes auch mit Strenge und Entschiedenheit eingesetzt hat.

### Vorbereitung

- L sichtet die von den Sch in der ersten Stunde gesammelten Fragen und wählt die Fragen aus, die in dieser Stunde beantwortet werden können.

### Motivation/Themenfindung

- L legt Bild „Die Händler im Tempel" als Folie auf (B1).
- Sch beschreiben und vermuten, was in den Gesichtern und Gesten zum Ausdruck kommt.
- L: „Zu diesem Bild gibt es im Neuen Testament eine Erzählung. Sie hat sich auf dem Tempelberg zu Jerusalem zugetragen."

### Begegnung

- L legt Folie des Herodianischen Tempels von Jerusalem auf (B2). Sch beschreiben.
- L erläutert die wichtigsten Teile des Tempels (B3), damit die Sch die biblische Erzählung lokalisieren können.
- Sch lesen Mk 11,15–19 (Die Tempelreinigung).

### Erarbeitung

- L: „Überlegt, an welcher Stelle des Tempels Jesus gegen die Händler und Geldwechsler vorgegangen ist!" Lösung: äußerer Vorhof der Heiden
- L: „Warum schreitet Jesus auch gegen die Lastenträger ein?" Lösung: Sie nutzen den Tempelplatz nicht zum Gebet, sondern durchqueren ihn, um den kürzeren Weg vom östlichen zum westlichen Stadttor oder umgekehrt zu nehmen.
- L: „Wie begründet Jesus sein Tun?" Lösung: Tempel soll Haus des Gebetes sein.
- L: „Welche Konsequenzen hat die Tempelreinigung wohl für Jesus gehabt?" Lösung: Jesu Vorgehen veranlasst die religiös-politischen Führer zu überlegen, wie sie Jesus unschädlich machen können. Die Bedrohung des Tempels spielt im Prozess Jesu eine wichtige Rolle.

### Vertiefung

- Die für diese Stunde ausgewählten Schülerfragen werden – möglichst von den Sch selbst – beantwortet.

### Sicherung/Hausaufgabe

- Sch bearbeiten AB.

B1

## Tempel in Jerusalem zur Zeit Jesu

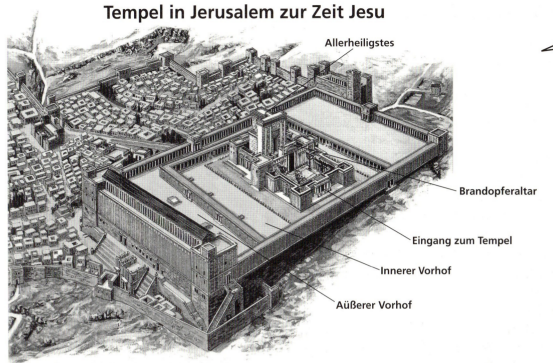

## Der Tempel Jerusalems – Hintergrundinformation

Nach der Zerstörung des salomonischen Tempels durch die Babylonier im Herbst 587 v. Chr. und der Rückkehr der Juden aus dem Exil erlaubte ihnen der Perserkönig Kyrus, den Tempel neu zu bauen. 515 v. Chr. wurde die im Vergleich zum ersten Tempel kleine Anlage fertig. Fast 500 Jahre später (20 v. Chr.) begann Herodes mit einem Neubau, dessen Hauptarbeit zehn Jahre in Anspruch nahm und der zu den berühmtesten Bauwerken jener Zeit zählte. Herodes hatte am Grundriss des Tempelgebäudes nichts geändert, aber er verdoppelte die Größe des Tempelbezirks. Von der Stützmauer, die sich im Südosten bis zu einer Höhe von 54 Metern erhob, sind bis heute im westlichen Teil – in der sogenannten „Klagemauer" – Überreste erhalten.

Das **eigentliche Tempelgebäude** durften nur die Priester betreten. Es war in eine **Vorhalle**, das **Heilige**, in dem sich der Schaubrottisch, der siebenarmige Leuchter und der Weihrauchaltar befinden, und das **Allerheiligste** eingeteilt. Das Allerheiligste, das vom Heiligen durch einen Vorhang getrennt war, war ein dunkler, leerer Raum, den nur der Hohe Priester am Versöhnungsfest betreten durfte.

Vor dem Tempel stand der **Brandopferaltar**, der aus einem einzigen Steinblock bestand. Zu ihm hinauf führte eine Rampe. Auf dem Altar wurde morgens und nachmittags ein Schaf zur Vergebung der Sünden des Volkes geopfert. Man unterschied zwischen blutigen (Rinder, Kälber, Schafe, Ziegen, Tauben) und unblutigen Opfern (Früchte, Brot, Öl, Weihrauch, Wein).

Den **inneren Vorhof (der Israeliten)** durften nur jüdische Männer betreten. Er war durch eine niedere, mit Durchgängen versehene Brüstung vom Vorhof der Heiden abgegrenzt. In mehreren Sprachen verfasste Inschriften wiesen darauf hin, dass ihn nur Juden betreten durften. Eine mächtige Freitreppe von 14 Stufen führte zu einer Terrasse, auf der eine zweite Mauer den inneren Tempelbezirk umgab. Hier drängten sich besonders an hohen Festtagen die Juden zu Tausenden.

Im **äußeren Vorhof (der Heiden)** durfte sich jedermann aufhalten. Hier hatten die Geldwechsler und Opfertierverkäufer ihren Platz. Die Geldwechsler waren Tempelbeamte und für die Einwechslung ausländischer Währungen in die Tempelwährung zuständig. Jeder männliche Israelit musste jährlich eine Doppeldrachme als Tempelsteuer bezahlen. Tauben wurden für die Opfer der ärmeren Bevölkerung benötigt, die nach Jerusalem kamen. So waren Religion und Geschäft eng miteinander verquickt.

## Tempel in Jerusalem zur Zeit Jesu

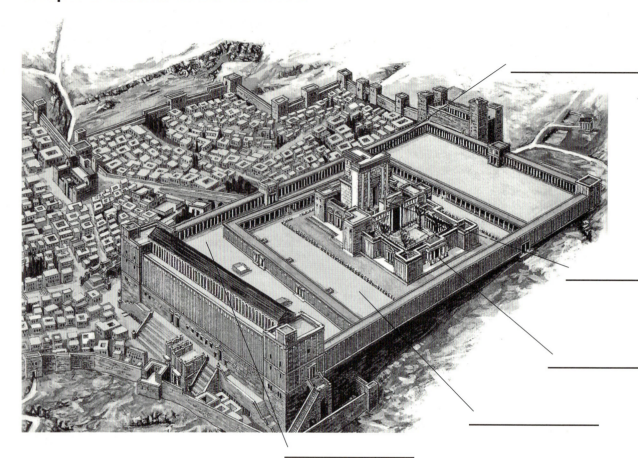

1. Trage die wichtigsten Teile des Tempels neben die Zeichnung ein!
2. Markiere auch die Stelle, wo Jesus gegen die Händler und Geldwechsler vorgegangen ist!

Warum schreitet Jesus auch gegen die Lastenträger ein?

_____

_____

Jesus begründet sein Handeln (Mk 11,17):

_____

_____

_____

Welche Konsequenzen hatte die Tempelreinigung für Jesus?

_____

_____

 3 Jesus von Nazaret – Wer war er wirklich?

## 3.6 Jesus auf dem Leidensweg

### Kompetenz
Durch das Lesen/Aufführen eines Passionsspiels verinnerlichen die Sch die Leidensgeschichte Jesu.

### Vorbereitung
- Beim Kopieren des Passionsspiels (**B3**) sollte auf die (evtl. mehrfache) Verwendbarkeit beim Spielen/Lesen geachtet werden.

### Motivation/Themenfindung
- Sch sitzen im Stuhlkreis. Auf dunkle Tücher in der Mitte legt L als stumme Impulse einige Leidenssymbole, z. B. Dornen, Nägel und Hammer, zerrissenes Tuch und/oder Bilder mit Symbolen der Kreuzigung (**B1a+1b**).
Sch äußern sich.
- L/Sch legen die Leidenssymbole in die Form eines Weges. Sch finden das Thema. Erwartung: Leidensweg Jesu.

### Begegnung
- L: „Alle vier Evangelien berichten vom Leiden und Sterben Jesu. Sie geben aber die damaligen Ereignisse nicht wortgetreu wieder. Manches ist auch schwer verständlich. Damit Menschen von heute dieses Geschehen besser verstehen, wurden die Berichte der Evangelien immer wieder in Passionsspielen dargestellt. Das folgende Spiel stammt von der Passionsspielgemeinschaft Scheinfeld in Mittelfranken und wurde dort aufgeführt."
- L stellt die Personen des Spiels vor und verteilt die Rollen (**B2**).
- Sch lesen das Spiel (**B3**), evtl. in Abschnitten.

### Auswertung
- L: „Wie ging es dir mit deiner Rolle?"
- L: „Welche Stelle/Szene hat dich besonders beeindruckt?"
- L: „Warum haben die Evangelisten wohl die Leidensgeschichte Jesu aufgeschrieben?"
- L: „Passionsspiele werden in den letzten Jahren wieder häufiger aufgeführt. Überlegt mögliche Gründe!"

### Umsetzung
- Das Spiel kann mit einer Kamera aufgenommen und mit Hintergrundgeräuschen „verlebendigt" werden. Es kann vor Eltern, anderen Klassen oder in der Kirche aufgeführt werden.

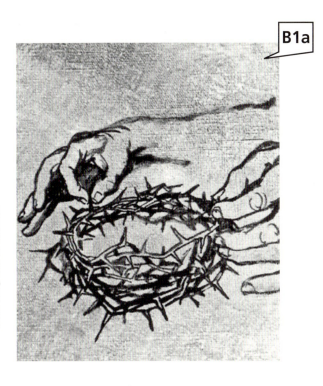

# Rollenverteilung

B2

| Personen | Schüler | 4. Szene: Jesus wird vom Hohen Rat verhört | |
|---|---|---|---|
| **1. Szene: Beratung des Hohen Rates** | | Baruch | |
| Evangelist | | Kajaphas | |
| Kajaphas | | Tempelwächter | |
| Hannas | | Wechsler | |
| Schadrach | | 1. Händler | |
| Nikodemus | | 2. Händler | |
| Josef von Arimathäa | | Schadrach | |
| Baruch | | Jesus | |
| **2. Szene: Im Garten Getsemani** | | Schergen | |
| Jesus | | **5. Szene: Pilatus verhört Jesus** | |
| Petrus | | Pilatus | |
| Johannes | | Kajaphas | |
| Jakobus | | Longinus | |
| Stimme | | 1. Verkäufer | |
| Judas | | Volk | |
| Tempelwache | | Freunde | |
| Angreifer | | 2. Verkäufer | |
| Malchus | | Wechsler | |
| 1. Händler | | Geheilter | |
| Baruch | | Ehebrecherin | |
| **3. Szene: Jesus wird verhöhnt und geschlagen** | | 1. Händler | |
| 1. Händler | | Schadrach | |
| 2. Händler | | Soldaten | |
| Wechsler | | Schergen | |
| Tempelwächter | | Hannas | |
| Magd | | Priester | |
| | | | |

# Passionsspiel

## 1. Szene – Beratung des Hohen Rates

**Evangelist**
Zum Paschafest hielten sich Hunderte von Pilgern in der Stadt Jerusalem auf. Viele hofften, dass die versprochene Rettung durch den Messias bald eintreten würde. Der Hohe Rat beobachtete die Unruhe der Menschen mit großer Sorge.

**Kajaphas**
Brüder und Mitglieder des Hohen Rates!
Ein großer Teil unseres Volkes möchte die römische Herrschaft abschütteln. Es träumt von unseren Vätern, die aus der Sklaverei der Ägypter errettet wurden. Der Galiläer Jesus von Nazaret scheint der neue Hoffnungsträger zu sein. Für mich ist er ein Aufschneider, der Unheil über Israel bringt!

**Hannas**
Dieser Nazarener hat bewusst zugelassen, dass sich viele Dummköpfe einbilden, er sei der Sohn Gottes.

**Schadrach**
Jetzt fehlt nur noch ein kleiner Funke, meine Brüder, und alles, was Gott uns durch Mose gegeben hat, geht zugrunde.

**Nikodemus**
Ich verstehe die ganze Aufregung nicht. Jesus predigt ja gerade die Einhaltung der Gesetze und die Nächstenliebe.

**Josef v. Arimathäa**
Ich habe ihm oft zugehört – von Umsturz war da nie die Rede.

**Kajaphas**
Das ist ja die Gefahr! Seine Reden sind zweideutig. Viele verstehen sie falsch. Was passiert denn, wenn das Volk ihn als König Israels ausruft? Es werden sich zwei Lager bilden – und dann ...?

**Hannas**
Aufruhr! – ich sage euch: Die Römer werden zuschlagen – unser Untergang!

**Schadrach**
Wehe der heiligen Stadt, wehe dem Tempel, wehe den Hohenpriestern!

**Kajaphas**
Freunde und Brüder! Es ist unsere Pflicht und Aufgabe, die staatliche und göttliche Ordnung zu retten!

**Nikodemus**
Wo sind denn Beweise? Es sind doch alles nur Vermutungen.

**Hannas**
Es soll wieder Ruhe im Land einkehren, muss unverzüglich geschehen, was schon längst fällig ist: Wir müssen Jesus unschädlich machen!

**Baruch**
Der Glaube unserer Väter und Kraft und Geltung unserer Gesetze dürfen nicht untergehen!

## 2. Szene – Im Garten Getsemani

**Jesus**
Meine Freunde, meine Seele ist betrübt bis zum Tod. Ich fürchte, Judas hat mich verraten, und ich habe Angst vor dem, was auf mich zukommt. Bleibt bei mir, und lasst uns zu Gott beten, dass er uns Kraft gibt.

**Petrus**
Herr, wie konnte Judas das nur tun?

**Johannes**
Rabbi, ich glaube, auch jetzt wird Gott mit uns sein.

**Jesus**
Petrus, Johannes und Jakobus – begleitet mich! Ihr anderen, meine Jünger, betet mit mir, dass Gott uns nicht verlässt in dieser Stunde.

Abba, mein Vater, steh uns bei.
Bewahre uns in der Treue zu dir.
Mein Gott, ich sehe die Stunde der Finsternis über mich kommen. Vater, lass diesen Kelch an mir vorübergehen.
Simon – du schläfst?

**Petrus**
Rabbi, nein, nein – ich bin ja hier.

**Jesus**
Konntet ihr nicht eine Stunde mit mir wachen?!

**Jakobus**
Verzeih, Herr, der Schlaf hat uns übermannt.

**Jesus**
Wachet und betet mit mir.

**Alle drei**
Ja, Herr, wir wollen wachen und beten.

**Jesus**
Vater, deine Wege mit uns Menschen sind unergründlich. Wenn dieser Kelch nicht vorübergehen kann, ohne dass ich ihn trinke – so geschehe dein Wille.
(Jesus geht zu den Jüngern zurück.)
Sind eure Augen so schwer, dass ihr nicht wachen könnt? Auch bei euch finde ich keinen Trost.
Es wird alles so dunkel – die Angst würgt mich – was für eine Last! Sie drückt mich zu Boden!

Wie bitter ist dieser Kelch – Vater – höre deinen Sohn!

**Stimme**
So spricht Gott, dein Vater: Ich, der Herr, habe dich gerufen. Ich halte dich an der Hand. Ich habe dich zu einem Licht gemacht für die Völker.

**Jesus**
Ja, Vater – ich will meinem Auftrag treu bleiben ... und wenn es dabei mit mir zu Ende geht.

**Petrus**
Was ist – Rabbi?!

**Jesus**
Jetzt wird der Menschensohn in die Hände der Sünder überliefert.
Steht auf! – mein Verräter naht.

**Jakobus**
Was will denn dieser Haufen von uns?

**Judas**
(noch entfernt)
Den ich küsse, der ist es. Nehmt ihn fest.

**Petrus**
Seht nur, Judas an der Spitze!

**Judas**
Sei gegrüßt, Rabbi!

**Jesus**
Freund, mit einem Kuss verrätst du mich?
Wozu bist du gekommen!
Wen sucht ihr?

**Tempelwache**
Jesus von Nazaret!

**Jesus**
Ich bin es.
(Die Angreifer stürzen zu Boden.)

**Angreifer**
Was ist das? Was macht er mit uns?

**Johannes**
Ein einziger Satz von unserem Meister stürzt sie nieder.

**Jesus**
Steht auf! ------- Wen sucht ihr?

**Tempelwache**
Jesus von Nazaret!

**Jesus**
Ich habe es euch gesagt, dass ich es bin.

**Malchus**
Auf, greift ihn!

**Petrus**
Herr, sollen wir mit dem Schwert dreinschlagen?

**Malchus**
Au, Au, Au! – mein Ohr!

**Jesus**
Petrus, halt ein! Stecke dein Schwert weg! Alle, die zum Schwert greifen, werden durch das Schwert umkommen – oder soll ich den Kelch nicht trinken, den mir der Vater gereicht hat?
Lasst mich hin zu dem Mann!

**Malchus**
Mein Ohr ist wieder gesund – ein Wunder!

**1. Händler**
Ein Hexenmeister – greift ihn!

**Jesus**
Mit Schwertern und Knüppeln zieht ihr gegen mich aus – wie gegen einen Räuber. Dabei saß ich täglich im Tempel, und ihr habt mich nicht ergriffen. Aber dies ist eure Stunde, und die Macht der Finsternis wird triumphieren. Wenn ihr mich sucht, dann lasst diese meine Jünger gehen. Seht – hier bin ich!

**Baruch**
Fasst ihn! Bindet ihn! – Er darf nicht entkommen.

**Tempelwache**
Aus unseren Händen wird er nicht mehr entkommen!

**Baruch**
Bringt ihn in die Stadt! Der Hohe Rat erwartet unsere Ankunft!

**1. Händler**
Los, vorwärts! – Oder ich mache dir Beine!

**Baruch**
(bleibt bei Judas stehen, der verwirrt am Boden kniet)
Judas – Sie sind ein Mann! Sie haben Wort gehalten. Der Hohe Rat wird immer Ihr Schuldner sein. Los – kommen Sie doch mit! Wir wollen zusammen den Sieg auskosten!

## 3. Szene – Jesus wird verhöhnt und geschlagen

**1. Händler**
Der ist von mir!

**2. Händler**
Und den kriegst du von mir!

**Wechsler**
So – und jetzt komme ich dran!

**Tempelwächter**
Na, – du großer Prophet? Sag uns, wer hat dich geschlagen?

**1. Händler**
Bin ich es gewesen?

**2. Händler**
Oder ich? Hörst du? Du sollst uns sagen, wer dich geschlagen hat!

**Wechsler**
Er weiß es nicht! Ein schöner Prophet!

**Tempelwächter**
Unser König ist taub und stumm!

**1. Händler**
Wir haben keinen König mehr! Ach, wir armen Leute.

**2. Händler**
Das ist ja zum Erbarmen – so ein großer Wundermann und jetzt – so matt ohne Kraft!

**Wechsler**
Du mächtiger König von einst – empfange unser tiefstes Bedauern!

**Tempelwächter**
Dein Reich ist gestorben – empfange unsere letzte Huldigung!

**Magd**
Was macht ihr denn da? Schluss damit! Der Hohe Rat will den Nazarener verhören. Führt ihn anständig vor!

## 4. Szene – Jesus wird vom Hohen Rat verhört

**Baruch**
Erhabener Hoherpriester!
Ich überbringe dir den Gefangenen –
Jesus von Nazaret. Hier steht er!

**Kajaphas**
Ich danke allen für die ausgezeichnete Arbeit.
Der Gefangene soll näher herankommen, damit ich ihm ins Auge sehen kann.

**Tempelwächter**
Tritt vor – und ehre das Haupt des Hohen Rates!

**Kajaphas**
Du bist angeklagt, das Volk zu Ungehorsam gegen das Gesetz aufgestachelt zu haben.
Du bist angeklagt, die Lehre der Väter verachtet zu haben.
Du hast das göttliche Gesetz der Sabbatheiligung verletzt – ja, du hast sogar gotteslästerliche Reden gehalten.
Hier stehen ehrenwerte Männer – höre sie!
Dann magst du dich verteidigen – wenn du kannst.

**Wechsler**
Ich kann bezeugen, dass dieser Mensch die Schriftgelehrten öffentlich genannt hat „Heuchler und Wölfe in Schafskleidern".

**1. Händler**
Am heiligen Sabbat hat er einen Gelähmten geheilt und ihm geboten, sein Bett nach Hause zu tragen.

**Kajaphas**
Du schweigst? Du weißt also nichts darauf zu sagen?!

**2. Händler**
Ich habe mit eigenen Ohren gehört, wie er prahlte:
Er wolle den Tempel Gottes niederreißen und in drei Tagen einen neuen errichten.

**Kajaphas**
Du hast dich also einer übermenschlichen – einer göttlichen Macht gerühmt. Widersprich – wenn du kannst!
Aha – du glaubst wohl, dich durch Schweigen retten zu können?

**Schadrach**
Wenn du der Messias bist, so sag es uns!

**Kajaphas**
Ich beschwöre dich bei dem lebendigen Gott:
Bist du der Messias
Bist du der Sohn Gottes?

**Jesus**
Du sagst es. – doch ich erkläre euch:
Von nun an werdet ihr den Menschensohn zur Rechten des allmächtigen Gottes sitzen und auf den Wolken des Himmels kommen sehen.

**Kajaphas**
Er ist schuldig – er muss sterben!

**Schergen**
Bravo! Sterben soll er!

## 5. Szene – Pilatus verhört Jesus

**Pilatus**
Hochwürdige Herren!
Sie haben diesen Mann – genannt Jesus von Nazaret – beschuldigt, die jüdische Bevölkerung aufzuhetzen zum Ungehorsam – ja zur Aufwiegelei gegen den römischen Staat. Ich habe ihn verhört und kann nicht finden, dass die Anklagen ausreichend begründet sind. Lediglich

sein unvorsichtiges Benehmen ist uns aufgefallen. Damit er künftig etwas vorsichtiger auftritt, werde ich ihn auspeitschen lassen. Soldaten führt ihn ab!

**Kajaphas**
Mit Geißelung sind wir nicht zufrieden! Unser Gesetz verlangt die Todesstrafe! Das ganze Volk weiß es!

**Pilatus**
Ach – ich habe keine Lust mehr, mit diesem Priester zu streiten. Hauptmann, sprich du mit den Leuten!

**Longinus**
Hört mal zu, ihr Juden! Ihr feiert doch jetzt das Paschafest. Wie ihr wisst, habt ihr an diesem Tag das besondere Recht, die Freigabe eines Gefangenen zu verlangen.

**1. Verkäufer**
Sehr gut! Dieses Recht verlangen wir auch!

**Volk**
Bravo! Bravo! Wir verlangen unser Recht!

**Longinus**
Also, der Statthalter garantiert euch, dass dieses Recht eingelöst wird!

**Pilatus**
Männer und Frauen aus Israel –
nach eurem Brauch werde ich nun einen Gefangenen freigeben. Ihr könnt selber entscheiden, wen ihr haben wollt: – da ist einer, der liegt schon längere Zeit im Kerker…

**1. Verkäufer**
Barabbas! – das ist der Mann, den wir frei haben wollen!

**Volk**
Gib uns Barabbas!!!

**Pilatus**
So wartet doch –

**Longinus**
Ruhe – der Landpfleger will weiterreden!

**Pilatus**
Vielleicht wisst ihr nicht alle, dass es da noch einen anderen Gefangenen gibt, den der Hohe Rat zum Tode verurteilt hat. Er heißt: Jesus von Nazaret!

**Freunde**
Jesus von Nazaret zum Tode verurteilt – das ist doch Unsinn! Ein Wohltäter der Menschheit! Der Prophet Gottes! … Den kann man doch nicht verurteilen!

**2. Verkäufer**
Er ist ein Gotteslästerer! Er hat sich selbst zum König ernannt!

**Wechsler**
Er wollte unseren heiligen Tempel zerstören!

**Geheilter**
Ihr Lügner! Jesus hat nichts Böses getan – er hat das Reich Gottes verkündet!

**1. Verkäufer**
Wir wollen Barabbas! Barabbas für Israel!

**Geheilter**
Barabbas ist ein Mörder und Räuber!

**Volk**
Wir wollen Barabbas!!!!!

**Pilatus**
Ruhe!

**Longinus**
Ruhe !!!

**Pilatus**
Man bringe Jesus! ECCE HOMO
EIN MENSCH – und was habt ihr daraus gemacht!

**Geheilter**
Er hat mein Leiden geheilt!

**Ehebrecherin**
Mich hat er auf den rechten Weg geführt!

**Pilatus**
Wen von beiden wollt ihr haben?
Barabbas – den Räuber und Mörder –
oder Jesus, der sich König der Juden nennt?

**Volk**
Wir haben keinen König! Gib uns Barabbas!

**Freunde**
Wir wollen Jesus!

**1. Händler**
Wir wollen diesen Teufel nicht! Ans Kreuz!

**Volk**
Kreuzige ihn – kreuzige ihn!!

**Longinus**
Ruhe, ihr Juden – Ruhe!

**Pilatus**
Ihr wollt also, dass ich euren König ans Kreuz schlagen lasse?!

**Kajaphas**
Wir haben keinen König – wir haben nur einen Kaiser!

**Schadrach**
Der Griff zur Königskrone ist Hochverrat!
Wer diesen Mann freilässt, macht sich selber zum Verräter am Kaiser!
Römische Soldaten – wer ist euch lieber –
euer Kaiser – oder – dieser Mann aus Nazaret?

**Soldaten/Volk**
Der Kaiser – es lebe der Kaiser!

**Schergen**
Nieder mit Jesus! Kreuzigt ihn!

**Volk**
Kreuzige ihn – kreuzige ihn!

**Pilatus**
Ruhe – seid doch vernünftig!

**Longinus**
Ruhe – Ruhe! der Prokurator will jetzt das Urteil verkünden!

**Pilatus** *(kommt die Treppen herunter)*
Rom hat nichts gegen diesen Mann. Wenn ihr ihn aber ans Kreuz bringen wollt, geschieht es auf eure Verantwortung. Ihr alle seid meine Zeugen.
*(Als Pilatus in die Nähe Jesu kommt, bricht Jesus zusammen. Pilatus geht auf ihn zu und greift ihm unter die Arme und hilft ihm wieder auf.)*
Seht her – Blut!
Bringt mir Wasser – ich wasche meine Hände in Unschuld. Auf euch aber komme das Blut dieses Gerechten!

**Schadrach**
Das ist allein unsere Sache!

**Kajaphas**
Wenn wir uns geirrt hätten, würden wir Strafe verdienen. Aber hier ist jeder Irrtum ausgeschlossen. Wir können mit ruhigem Gewissen sagen: Sein Blut komme über uns und unsere Kinder!

**1. Händler**
Was reden wir noch lange – kreuzige ihn!

**Pilatus** *(zu Longinus)*
Die Urkunde!
Barabbas ist frei.

**Volk**
Hurra – Bravo!! Es lebe Barabbas – hoch!

**Pilatus**
Führt ihn zum Tor hinaus! Er soll nie wieder diesen Boden betreten!

**Hannas**
Wir und unsere Kinder werden den heutigen Tag segnen und den Namen Pontius Pilatus mit Freude und Ehrfurcht aussprechen!

**Volk**
Es lebe der Prokurator! Pontius Pilatus – hoch!

**Pilatus**
Longinus – verlies das Urteil über Jesus!

**Longinus**
Auf Anklage des Hohen Rates spreche ich das Todesurteil über Jesus von Nazaret. Er ist schuldig: – Er hat das Volk zur Empörung aufgereizt. Er hat die Steuer dem Kaiser zu zahlen verboten. Er hat sich selbst als König der Juden bezeichnet. Er soll deshalb vor den Mauern der Stadt ans Kreuz geschlagen und somit hingerichtet werden. Pontius Pilatus, im 18. Jahr der Regierung des mächtigen Kaisers Claudius Tiberius.

**Kajaphas**
Fort mit ihm – zur Schädelstätte!

**Priester**
Unser Glaube ist gerettet!

**Volk**
Es lebe der Hohe Rat!

3 Jesus von Nazaret – Wer war er wirklich?

## 3.7 Jesus stirbt am Kreuz

### Kompetenz
Sch lassen sich vom biblischen Bericht der Kreuzigung Jesu beeindrucken.

### Vorbereitung
- L besorgt Ausschnitt aus der Kreuzigungstafel des Isenheimer Altars von Matthias Grünewald (vgl. **B2**) als Farbfolie (z. B. de.wikipedia.org/wiki/Isenheimer_Altar - 75k).
- L besorgt eine CD-Einspielung der Matthäuspassion von Johann Sebastian Bach (z. B. Download von http://www.youtube.com/watch?v=B4JYwbWwNSs).
- L besorgt Materialien zur Gestaltung von Kreuzen **(B1)**.

### Motivation/Themenfindung
- L legt Ausschnitt aus der Kreuzigungstafel des Isenheimer Altars von Matthias Grünewald möglichst als Farbfolie **(B2)** auf.
- Sch betrachten eine Zeit lang in Stille.
- L bringt Informationen zur Kreuzigung ein **(B3)**.

### Begegnung
- Sch lesen Mk 15,20b–32 und Mk 15,33–41.

### Vertiefung
- L legt Folie von 1. Strophe des Chorals „O Haupt voll Blut und Wunden" **(B4)** auf und spielt den entsprechenden Ausschnitt aus der Matthäuspassion von Johann Sebastian Bach ein.
- L bringt Informationen zur Matthäuspassion ein **(B5)**.
- Sch gestalten ein Kreuz aus den vorgegebenen Materialien **(B1)** (Anregungen für die Form des Kreuzes vgl. **B6**).

### Hinweis
- Vgl. weitere Materialen im Kapitel Kirchenjahr!

**B1**

### Basteln eines Kreuzes
Materialien:
- kleine Äste
- länglich geschnittener Holzabfall
- Holzspieße
- Schnur/Bindfäden
- (farbige) Bastfäden
- Draht
- Zange
- kleine Säge
- Scheren
- Klebstoff
- Arbeitsunterlagen

B6

*Matthias Grünewald, Kreuzigung Christi (Ausschnitt), Isenheimer Altar, 1512–1516, Öl auf Holz, Colmar*

## Die Kreuzigung

Die Kreuzigung galt im Altertum als die grausamste und fürchterlichste Todesstrafe. Das Kreuz bestand aus einem senkrechten Pfahl, der meist fest auf der Richtstätte eingemauert war. Manchmal wurde der Verurteilte mit zusammengebundenen Händen an diesem Pfahl aufgehängt. Oft wurde am oberen Teil des Pfahls ein Querbalken befestigt, den der Verurteilte selber zur Richtstätte tragen musste und an den er mit ausgebreiteten Armen mittels Stricken festgebunden und manchmal mit Nägeln befestigt wurde. Es gab Kreuze mit einer Stütze. Das schaffte für einen Moment Erleichterung, verlängerte aber das Leiden.

Die Kreuzigung begann nach Markus um die dritte Stunde, das war, weil der Tag um sechs Uhr startete, morgens um neun Uhr. Jesus litt sechs Stunden am Kreuz und starb um die neunte Stunde, d.h. gegen 15.00 Uhr.

Markus berichtet, dass man Jesus einen mit Essig getränkten Schwamm, der an einer Stange befestigt war, an den Mund hielt, damit er trinken konnte. Essig, mit Wasser vermischt, war das Getränk einfacher Leute. Der Essig ersetzte das mit dem Schweiß ausgesonderte Salz.

**O Haupt voll Blut und Wunden, voll Schmerz und voller Hohn,
O Haupt, zum Spott gebunden mit einer Dornenkron',
O Haupt, sonst schön gezieret mit höchster Ehr' und Zier,
Jetzt aber höchst schimpfieret, gegrüßet sei'st du mir!**

## Die Matthäuspassion

Die Matthäuspassion ist die jüngere der beiden berühmten Passionen, die uns von J. S. Bach erhalten sind, und wurde am Karfreitag 1729 uraufgeführt. Das gewaltige Werk dauert volle drei Stunden. Nach dem Tod Bachs geriet sein Meisterwerk in völlige Vergessenheit. Es ist das Verdienst des jungen Mendelssohn Bartholdy, dass er genau 100 Jahre später mit einer sensationellen Aufführung Bachs Matthäuspassion wieder zum Leben erweckte, eine ganz entscheidende Tat für Bachs Wiederentdeckung im 19. Jahrhundert!

## 3.8 Der Tag, an dem alles anders wurde

### Kompetenz
Die Sch setzen sich mit der Botschaft von der Auferstehung Jesu auseinander.

### Wiederholung
- Sch zeigen die von ihnen gestalteten Kreuze und sammeln Ideen, wo sie die Kreuze aufbewahren wollen oder wem sie sie schenken können.

### Motivation/Themenfindung
- L: „Voller Aufbruchsstimmung hatte Jesus die Verkündigung seiner Botschaft begonnen und nun dieses Ende!"
- Sch lesen Szene „Die Jünger nach der Kreuzigung Jesu" (**B1**).
- L hängt zur Themenklärung Wortkarte (**B2**) an TA.

### Begegnung
- L erzählt „Der Tag, an dem alles anders wurde" (**B3**).

### Erarbeitung
- L: „Ein dramatisches Erlebnis! Versuche, mit eigenen Worten zu beschreiben, was im entscheidenden Augenblick in den Jüngern vor sich ging."

### Vertiefung
- Sch lesen Szene „Und trotzdem bleiben Fragen" – **B4**.
- L: „Die Schülerinnen und Schüler haben Fragen zur Auferstehung Jesu."
  Sch wiederholen.
- L: „Wie ging es dir mit den Antworten des Lehrers?"

### Sicherung/Hausaufgabe
- Sch gestalten das AB zum Thema „Jesus lebt".

### Hinweis
- Vgl. Materialien im Kapitel Kirchenjahr!

---

**B2**

### Tod Jesu – das Ende?

---

**B3**

### Der Tag, an dem alles anders wurde ...

Nach dem schrecklichen Ereignis der Kreuzigung Jesu stand es schlecht um uns. Angst machte unsere Glieder und Gedanken schwer wie Blei. Wir saßen im Haus des Jakobus in Jerusalem, und obwohl wir alle in einem Raum waren, war jeder für sich allein. Wir waren ohne Hoffnung. Quälender Zweifel war auf unseren Gesichtern zu lesen. Sind wir auf einen Schwindler hereingefallen? Hat uns jemand zum Besten gehalten? Warum hat Gott nicht eingegriffen, als Jesus am Kreuz hing? Manche von uns hatten damals gehofft: Jetzt passiert es, jetzt muss es passieren, jetzt greift Gott ein! – Aber nichts geschah. War Jesus vielleicht doch ein falscher Prophet? War sein Tod eine Strafe Gottes? Da ging plötzlich die Tür auf, und Maria Magdalena stürzte herein. „Ich habe den Herrn gesehen", rief sie völlig außer Atem, „ich bin ihm begegnet!" Einen Augenblick herrschte totale Stille. Petrus fand als Erster seine Sprache wieder: „Sag das noch einmal!" „Ja, – er lebt! Er hat mit mir gesprochen. Er hat meinen Namen gekannt", antwortete Maria. „Du hast dich geirrt", rief Thomas dazwischen, „dich kennen viele Leute, da wollte dich jemand trösten". „Nein", widersprach Maria, „ich habe ihn wirklich gesehen. Zuerst habe ich ihn sogar für den Gärtner gehalten. Aber dann fiel es mir wie Schuppen von den Augen, und ich habe den Meister erkannt." „Warum hast du ihn nicht gleich mitgebracht", fragte Petrus, „oder will er nichts mehr mit uns zu tun haben?" „Als ich mich ihm zu Füßen werfen wollte, wich Jesus zurück. Aber eine Botschaft für euch hat er mir mitgegeben: Jesus ist auf dem Weg zu unserem gemeinsamen Vater im Himmel", erwiderte Maria. Bewegung kam in den Kreis der Jünger, sie begannen miteinander zu sprechen, zunächst leise, schließlich immer lauter. „Dann hat Gott ja doch eingegriffen!" rief Petrus, „er hat Jesus am Kreuz nicht scheitern lassen, sondern zum Leben an seiner Seite berufen. Das ist ja unglaublich! Das ist ja wunderbar. Das ist die Wende. Ab heute beginnt eine neue Zeit!"

*nach Joh 20*

# Die Jünger nach der Kreuzigung Jesu

**Sprecher**
Jesus ist gekreuzigt worden. Er ist tot. Seine Freunde, die ganz auf ihn gesetzt hatten, sind traurig und verzweifelt. Sie wissen nicht, wie es weitergehen soll.
*(Tür öffnen und schließen)*

**Maria von Magdala**
Jakobus, wie siehst du denn aus? Du bist ja kreidebleich im Gesicht? Sag, was ist passiert?

**Jakobus**
Ich muss fort! Gleich kommt Andreas und holt mich ab.

**Maria v. M.**
Wieso müsst ihr fort? Wollt ihr nicht mit Petrus und Johannes und uns allen zusammenbleiben?

**Jakobus**
Jesus ist tot! Es ist alles aus! – Ich habe furchtbare Angst, dass es uns ähnlich wie ihm ergeht!

**Maria v. M.**
Aber Jakobus! Hat nicht Jesus gesagt, dass er sterben muss?

**Jakobus**
Jesus ist tot. Ich kann nicht begreifen, dass alles so gekommen ist.
*(leise)* Es war entsetzlich, wie Jesus am Kreuz hing. Er hat laut geschrien. – Ich kann das nicht vergessen.

**Maria v. M.**
Ich kann auch nicht verstehen, warum sie ihn getötet haben. Er war doch so gut zu den Menschen; er hat niemandem etwas getan; allen hat er geholfen.
*(Tür öffnen und schließen)*

**Andreas**
Schalom!

**Maria v. M. und Jakobus**
Schalom, Andreas!

**Andreas**
Was sitzt ihr hier herum? Wir müssen fort! Zu viele wissen, dass wir Jesu Jünger sind. Wer weiß, ob sie nicht auch uns vor Gericht stellen und umbringen.

**Jakobus**
Hast du mit Petrus und Johannes gesprochen?

**Andreas**
Die wissen auch nicht, wie es weitergehen soll.

**Maria v. M.**
Das könnt ihr doch nicht machen, einfach weglaufen! Was soll denn aus der Botschaft werden, die Jesus verkündet hat?

**Jakobus**
Ich kann nicht mehr an Jesus glauben. Gott hat ihn verlassen, sonst wäre er nicht am Kreuz gestorben.

**Andreas**
Komm, Jakobus, wir müssen los! Wenn du hierbleiben willst, Anna, ist das deine Entscheidung.

## „Und trotzdem bleiben Fragen ..."

**Sven**
„Das würde mich wirklich interessieren, wie nun Jesus auferstanden ist. Hat er einen Körper gehabt, den man sehen und fotografieren konnte, oder ist das Ganze nur ein bildhafter Bericht, der eine Wahrheit schildert, die man mit dem bloßen Auge nicht sehen kann?"

**Religionslehrer**
„Das ist eine gute Frage. Während man das Jesuskind, das geboren wurde wie jedes andere Baby, sicherlich hätte fotografieren und filmen können, war der auferstandene Christus nicht mit einem Fotoapparat einzufangen. Den Auferstandenen können Menschen nur mit den Augen des Glaubens sehen."

**Katrin**
„Aber in der Bibel steht das Ganze doch so, als hätte man wirklich den auferstandenen Jesus so sehen können, wie ihn die Apostel vorher erlebten."

**Religionslehrer**
„Die eigentliche Auferstehung Jesu wird in der Bibel nicht geschildert. Es geht immer um Erscheinungsberichte. Deshalb wurde auch im 1. Jahrtausend nie ein Bild von dem auferstandenen Christus gemalt. Bis zum 12. Jahrhundert hatte man eine so große Ehrfurcht vor dem Geheimnis des Auferstandenen, dass man nur die Engel oder die Frauen am Grab, manchmal auch noch die Erscheinungen des Auferstandenen vor Thomas, vor Maria Magdalena oder den Emmaus-Jüngern malte. Niemand hat die Auferstehung Jesu selber miterlebt oder gesehen. Niemand konnte es wagen, darüber einen Bericht anzufertigen, als hätte er es mit eigenen Augen gesehen. Man wusste noch sehr genau, dass dies ein großes Geheimnis war."

**Sophia**
„Aber in der Bibel hört es sich trotzdem so an, als hätten die Apostel wirklich Christus mit einem Leib gesehen."

**Religionslehrer**
„Wir sagen, der Auferstandene habe einen verklärten Leib. Wir wollen damit ausdrücken, dass Christus nicht mehr sterblich ist und jetzt in einer ganz neuen Wirklichkeit, in der Herrlichkeit seines Vaters lebt. Das wollen auch die biblischen Erzähler verdeutlichen, wenn sie davon berichten, dass die ‚Jünger erschraken', ‚einen Geist zu sehen glaubten', und der Auferstandene bei ‚verschlossenen Türen in ihre Mitte trat'."

**Armin**
„Aber wie war das mit den Emmaus-Jüngern? Da ist doch der auferstandene Jesus wirklich mitgegangen wie bei einem Spaziergang."

**Religionslehrer**
„Die Geschichte von den Emmaus-Jüngern zeigt bildhaft, wie die Jünger zum Glauben an den Auferstandenen kommen. Hier legt der Auferstandene selber das Alte Testament aus und führt die Gläubigen zur Einsicht: Jesus ist auferstanden. Die Augen gehen den Emmaus-Jüngern erst auf, als Jesus ihnen das Brot bricht. Die Teilnahme an der Eucharistiefeier heißt im Glauben den auferstandenen Christus empfangen. Die Geschichte von den Emmaus-Jüngern will zeigen, wie auch heute noch die Gläubigen dem auferstandenen Christus begegnen können."

**Petra**
„Darf man sich die Auferstehung also nicht so vorstellen, wie sie auf den Osterbildern gemalt ist?"

**Religionslehrer**
„Du hast recht! Die Maler versuchen, ihren Glauben in Bildern auszudrücken. Sie wollen mit Farben predigen. Sie wollen aber nicht eine Fotografie des auferstandenen Jesus liefern."

## Der Tag, an dem alles anders wurde

Joh 20,3 und 4

Joh 20,18

1. Schlage die Bibelstellen nach und übertrage sie!
2. Gestalte das Bild mit passenden Farben!

3 Jesus von Nazaret – Wer war er wirklich?

## 4.1 Feste als Höhepunkte

### Kompetenz

Sch mögen Feste und Feiern. Indem sie ihre Erfahrungen mit Festen austauschen, bekommen sie ein Gespür dafür, dass gelingendes Feiern der Gestaltung und des Zusammenwirkens aller Beteiligten bedarf.

### Motivation/Themenfindung

- L legt Folie (**B1**) auf. Sch lesen.
- L: „Die Feste stehen auf Bergspitzen. Das könnte etwas bedeuten."
  L: „Wenn die wichtigsten Feste auf den höchsten Bergspitzen stehen sollen, wie beurteilt ihr dann die Anordnung der Feste auf der Folie?
  Sch nehmen Stellung.
- L: „Wie sieht eure persönliche Rangliste dieser Feste aus? Was ist euer wichtigstes Fest? Welches folgt danach?"
- L legt Overlayfolie auf und notiert/skizziert Sch-Ideen.

### Begegnung

- L: „In der folgenden Geschichte hat Laura ihre Mitschüler zu einer Geburtstagsparty eingeladen."
  L/Sch lesen (**B2**).

### Erarbeitung

- Sch erarbeiten Lauras Erwartungen an ihre Geburtstagsparty und warum diese nicht erfüllt werden konnten.

### Transfer

- Sch erläutern, wie sie ihren eigenen Geburtstag feiern möchten, und sammeln Ideen für Geburtstagsgeschenke, die kein Geld kosten (PA), z. B.

  – ein kleines Gedicht selber schreiben
  – etwas rappen
  – früh am Morgen eine SMS senden
  – eine Kerze auf den Platz stellen
  – gute Wünsche für das kommende Lebensjahr ausdenken
  – einen Kuchen backen
  – ein Geschenk selber basteln
  – ein Lied für das Geburtstagskind singen
  – genügend Zeit für die Feier mitbringen
  – ein schönes Kompliment machen
  – für die Feier ein Spiel vorbereiten

- Sch überlegen, wie die Klasse zukünftig gemeinsam Geburtstage in der Klasse feiern könnte.

### Vertiefung

- L: „Zeichnet auf Folienschnipsel Symbole für ausgewählte Feste, und lasst die gemeinten Feste erraten."

### Sicherung

Sch bearbeiten AB.

### Hausaufgabe

Sch machen zu Hause eine Umfrage: Könnten Sie bitte folgenden Satzanfang ergänzen „Menschen arbeiten, um …"

**B1**

Fasching

Taufe

Firmung

Pfingsten

Muttertag

Namenstag

1. Mai

Weihnachten

Geburtstag

Hochzeit

Erstkommunion

Ostern

4 FESTE UND FEIERN – DAS KIRCHENJAHR

## Lauras Geburtstagsparty

„Gib mir 'mal das Ketchup!", ruft Sandra quer über die ganze Geburtstagstafel. Daniel reicht ihr zwei kleine Beutel herüber und zischt: „BITTE kannste wohl nicht sagen?" Sandra reißt die Plastiktütchen gierig auf, und ihre Antwort verrät, dass sie sich ertappt fühlt: „Viiielen Dannnk, für deine außerordentliche Güüüüte, lieber Daaaniel!" Daniel vertieft sich in ein Gespräch mit Thomas, der neben ihm einen Hamburger nach dem anderen hineinschlingt.

Laura, die heute ihren zehnten Geburtstag feiert, sitzt zwischen den beiden Jungs und Sandra. Während sie an ihrer Cola saugt, hört sie Gesprächsfetzen: „Die Sandra könnte ich auf den Mond schießen! ... Die ist immer so ...!" Sandra und Thomas vertilgen eine Unmenge von Pommes, Hamburger und die neuen Mac Kung Fu's; ein Berg von Plastik und Pappbechern türmt sich schon vor ihnen auf.

Laura sieht hinüber zu ihrem Gabentisch: Ein Tagebuch von Kathi, ein Poster von Thomas mit ihrer Lieblingsband, eine Kuschelrock-CD von Sandra, ein Strandlaken von Mona und das Witzbuch von Daniel. Der Müllberg auf dem Tisch ist inzwischen größer als die Geschenke dort drüben, denkt sich Laura.

Daniel ist ein witziger Typ, aber nicht deshalb hat sie ihn eingeladen. In der Schule sitzt er vor ihr und hat immer ein gutes Wort für sie. Kathi ist ein Goldstück, oft machen sie zusammen Hausaufgaben, fangen ihre Meerschweinchen ein oder liegen einfach auf dem Boden herum, hören Musik und können über alles reden. Lauras Blick bleibt bei Mona hängen: „Wie sie sich wieder aufspielt, um Eindruck bei Sandra zu schinden! Warum habe ich die nur eingeladen? Die meint wohl, weil ihre Eltern stinkreich sind, kann sie immer die Hauptrolle spielen!" Plötzlich erschrickt Laura über sich selbst, über die Gedanken, die sie sich macht, und darüber, dass sie sich fühlt, als wäre sie auf einer anderen Geburtstagsparty. Sie sitzt wie neben sich. Ein Witz reißt sie aus ihrer Innenwelt. Thomas und Daniel schütten sich aus vor Lachen. Mona hat kaum zu Ende gegessen, da springt sie auf, nimmt ihren Rucksack und verabschiedet sich schon: „Ich habe noch eine wichtige Verabredung! Wenn du Lust hast, können wir ja am Freitag noch ins Hallenbad gehen und dein Strandlaken einweihen, Tschüss!" Lauras Vater hat an der Kasse vorne eine ganze Tüte voll Luftballons erbeutet. Sein Vorschlag, sie erst zu bemalen und dann ein Spiel damit zu machen, verhallt – „Babykram", ruft Thomas. Daniel hätte es ganz lustig gefunden, aber Thomas wollte mit ihm doch noch eine Spritztour auf dem Fahrrad machen – sein leichtes Klopfen auf die Uhr war deutlich: Absprung! Doch bevor die beiden gingen, verabschiedete sich schon Sandra: „Ade, feier noch schön!"

Nicht einmal zwei Stunden waren die Gäste geblieben. Kathi geht als Letzte. Laura und ihr Vater, dessen Geldbeutel nun um einiges leichter ist, sitzen da wie zwei begossene Pudel: „Was habe ich eigentlich für Freunde?", sagt sie vor sich hin. Vater schiebt mit der Hand den Abfall vor seinem Platz zur Seite: „Die Schlacht ist geschlagen!" Laura empört sich: „Das hört sich ja an, wie wenn du froh bist, dass meine Geburtstagsfeier vorbei ist!" – „Feier? Feiern stell ich mir anders vor!", sinnt er vor sich hin. „Mit Topfschlagen und so, meinst du wohl?" – „Nein, meine ich natürlich nicht. Aber deine Idee, hier in das amerikanische ‚Edelrestaurant' zu gehen, war wirklich nicht gut!" – Und du weißt es wohl besser?", platzt sie heraus. „Laura, das hast du jetzt in die falsche Kehle gekriegt. Vielleicht liegt es gar nicht so sehr daran, wo man feiert, sondern ... sondern wie man feiert." Lauras Vater spielt mit einer leeren, soßenverschmierten Pappschachtel und spöttelt vor sich hin. „Mac Kung Fu ... Kung Fu Fighting , Kung Fu Konsumschlacht! Wenn die Chinesen wüssten, was mit ihrem Zeug alles gemacht wird! Dabei sind die in vielen Punkten wesentlich weiser als wir."

Da fängt Laura wieder zu lächeln an und sagt: „Nächstes Jahr mache ich einiges anders!"

*Udo G. Schmoll*

# Feste als Höhepunkte

| Weihnachten | Pfingsten | Taufe |
|---|---|---|
| Ostern | Erstkommunion | Fasching |
| Geburtstag | Firmung | 1. Mai |
| Namenstag | Hochzeit | Muttertag |

1. Erstelle deine persönliche Rangliste der Feste, und übertrage sie an die Bergspitzen.
2. Markiere unterschiedliche Arten von Festen mit Farben: kirchliche Feste, staatliche Feiertage, Familienfeste.
3. Zeichne Symbole für ausgewählte Feste.

## 4.2 Unser Leben sei ein Fest

### Kompetenz
Die Sch bekommen ein Gespür dafür, dass Phasen der Arbeit durch Feste und Feiern unterbrochen werden müssen.

### Vorbereitung
- L bittet die Sch, zu Hause oder auf der Straße eine kleine Umfrage durchzuführen: Könnten Sie bitte folgenden Satzanfang ergänzen: „Menschen arbeiten, um …"

### Motivation/Themenfindung
- L legt Folien der zwei Bilder (**B1a–b**) auf. Sch beschreiben die Bilder und beziehen die Fotos auf ihr eigenes Leben, auf eigene Erfahrungen.

### Begegnung
- L: „Menschen denken und fühlen sehr unterschiedlich, wenn sie das Wort ‚Arbeit' hören. Manche freuen sich auf die Arbeit und leiden darunter, wenn sie keine Arbeit haben. Andere dagegen hoffen nur darauf, dass die Arbeitszeit schnell vorübergeht, um dann die Freizeit zu genießen."
- L erzählt die Sage vom König Sisyphus (**B2**).

### Erarbeitung
- Sch spielen die Sisyphussage als Rollenspiel.
- Sch bringen die Ergebnisse ihrer Umfrage ein: „Menschen arbeiten, um …"

### Vertiefung
- L verwendet Folie des Bildes von Sisyphus (**B2**) und legt/zeichnet daneben ein gleich großes leeres Kästchen

- L: „Menschen, die ihre Arbeit so erleben wie Sisyphus, sehnen sich nach etwas …" Sch vermuten.
- L notiert Sch-Ideen in das Kästchen.
- L: „Als Gegengewicht gegen die anstrengende Arbeit veranstaltet man Feste und Feiern. Ein Fest feiern heißt, das Leben trotz der mühseligen Arbeit als gut und sinnvoll zu empfinden. Menschen, die feiern, bringen damit zum Ausdruck: Mir geht's gut! Die Welt ist in Ordnung!"

### Transfer
- L: „Feiern muss aber gelernt werden, damit auch alle ihren Spaß haben und glücklich und gut gelaunt, die Feier verlassen.
- L notiert an der Tafel: „Feste feiern gelingt, wenn …"
- Sch überlegen (PA/GA) und ergänzen den Satz. Ihre Ideen werden an der Tafel notiert.

### Ausblick
- L: „Die vermutlich wichtigste ‚Schule des Feierns' ist für Christen das Kirchenjahr. Schon in der Zeit, als die Sage von Sisyphus entstand, waren Feste für die Menschen ein Geschenk der Götter, eine Art Atempause in der Mühsal des Lebens. Erst recht die christlichen Feste sind Gelegenheiten, bei denen Menschen erfahren können, woher das Glück des Lebens kommt."
- Sch singen Lied „Unser Leben sei ein Fest".

### Sicherung/Hausaufgabe
- Sch bearbeiten AB.

B1a

### Der Stein des Sisyphus

Besonders schwere menschliche Arbeit, die zu keinem Abschluss gebracht werden kann, wird manchmal „Sisyphusarbeit" genannt. Diese Bezeichnung geht auf eine alte griechische Sage zurück. Sisyphus, der König von Korinth, verärgerte die Götter – und die dachten sich eine ganz besondere Strafe für ihn aus. Seine Aufgabe war es nämlich, einen riesigen Marmorbrocken einen Berg hinaufzurollen. Der Stein war größer als Sisyphus und sehr schwer. Als Sisyphus ihn den Berg hinaufrollte, entglitt ihm der Stein immer wieder und rollte den ganzen Weg wieder zurück. Der König musste ständig von vorne anfangen, um den Felsbrocken von ganz unten den Berg hinaufzubringen. Er hat es nie geschafft, den Stein bis zur Bergspitze zu bringen. Obwohl ihm der Angstschweiß von seinen Gliedern floss,

entglitt ihm der Stein immer wieder und rollte hinab, ohne Hoffnung auf ein Ende. Daher sagt man „den Stein des Sisyphus wälzen", wenn etwas übermenschliche Anstrengungen erfordert und man sich vergeblich abmüht. Damit ist eine Arbeit gemeint, die so umfangreich, kompliziert und schwierig ist, dass sie niemals erledigt sein wird – und bei der man immer wieder von vorne anfangen muss.

## Unser Leben sei ein Fest!

| Arbeit | Fest und Feier |
|---|---|
|  |  |

 Gestalte die beiden Kästen!
Du kannst Skizzen zeichnen oder frei mit Farben spielen.

**Feste feiern gelingt, wenn …**

- _____
- _____
- _____
- _____
- _____

Text: Josef Metternich Team; Melodie: Peter Janssens aus: Wir haben einen Traum, 1972 © Peter Janssens Musik Verlag, Telgte

## 4.3 Das Kirchenjahr zieht Kreise

### Kompetenz
Die Sch gewinnen einen Überblick über den Rhythmus und Sinngehalt des Kirchenjahres.

### Vorbereitung
Als Vor- oder Nachbereitung der Unterrichtsstunde ist ein Unterrichtsgang zu einer Sakristei zu empfehlen. Veranschaulicht werden können dort die liturgischen Farben an den Messgewändern und die besonderen Gegenstände, die für die verschiedenen Feste des Kirchenjahres benötigt werden, z. B. Krippe, Christbaumschmuck, Rasseln der Karwoche, Utensilien für das Osterfeuer, Osterkerze, Fronleichnamshimmel usw.

### Motivation/Themenfindung
- L/Sch notiert die Namen der 12 Monate waagerecht in einer Linie im unteren Drittel einer aufgeklappten Tafel (Alternative: 12 Wortkarten). Sch lesen die Monate.
- An die Seitentafel hängt L drei Wortkarten: Weihnachten – Ostern – Pfingsten (**B1**).
- Sch hängen die Wortkarten über die entsprechenden Monate. Für Ostern und Pfingsten wird der „durchschnittliche Zeitpunkt" (Ostern: 1. Aprilhälfte, Pfingsten: sieben Wochen später) gewählt.
- Sch finden das Thema. Erwartung: Kirchliche Feste im Jahreslauf

### Erarbeitung
- L hängt die Wortkarten mit den weiteren Festen (**B2**) an die Seitentafel.
- Sch ordnen sie dem Jahresverlauf zu.
- L hängt die Wortkarten mit den vier Festzeiten (**B3**) an die Seitentafel.
- Sch ordnen sie dem Jahresverlauf zu.
- L ergänzt notwendige Informationen (**B4**).

### Vertiefung
- L: „Die Vielzahl der Feste des Kirchenjahres kann auf den ersten Blick verwirren. Aber es gibt eine Hilfe, um etwas Ordnung in das Chaos zu bringen. Das sind die Farben des Kirchenjahres. Sie wechseln nämlich zu den verschiedenen Zeiten und bieten so Orientierung. Erkennbar sind sie am Messgewand und am Kelchvelum (Tuch über dem Kelch). In vielen Kirchen passt sich auch die Ministrantenkleidung diesen Farben an."
- L legt Folie (**B5**) auf. Sch lesen.
- L ergänzt notwendige Informationen und Deutungen.

### Sicherung/Hausaufgabe
- Sch bearbeiten AB.

**B1**

## Weihnachten

## Ostern

## Pfingsten

| | | |
|---|---|---|
| 1.– 4. Advent | | Dreikönigsfest B2 |
| Aschermittwoch | | Fastenzeit |
| Karwoche | | Christi Himmelfahrt |
| Fronleichnam | | Erntedank |
| Allerheiligen | | Allerseelen |
| Christkönigsfest | | |

Weihnachtsfestkreis B3

Zeit im Jahreskreis

Osterfestkreis

Zeit im Jahreskreis

## Das Kirchenjahr – Hintergrundinformation

Das Kirchenjahr ist zusammengewachsen aus „Herrenfesten" (Jesusfesten) und „Heiligenfesten". Dabei wird es in „Kreise" unterteilt: einen Jahreskreis und zwei Festkreise.

Das Kirchenjahr beginnt mit dem ersten Advent („Weihnachtsfestkreis"). Die Adventszeit ist eine Zeit der Erwartung. So wie damals die Menschheit auf die Geburt des Messias wartete, so warten die Christen heute auf seine Wiederkunft „am Ende der Tage". Der Weihnachtskreis ist gleichsam der Vorhof des Kirchenjahres, der Osterfestkreis (wozu die vorangehende Fastenzeit und der folgende Pfingstkreis gehören) der Hauptraum des Kirchenjahres.

**Weihnachtsfestkreis:**
1. Advent bis Fest Taufe des Herrn (Anfang Januar), davon Adventszeit vom 1. Advent bis 24. Dezember

**Zeit im Jahreskreis:**
Montag nach Fest Taufe des Herrn bis Dienstag vor Aschermittwoch

**Osterfestkreis**
Aschermittwoch bis Pfingstsonntag, davon Fastenzeit von Aschermittwoch bis Samstag vor Ostern

**Zeit im Jahreskreis**
Pfingstmontag bis Samstag vor dem 1. Advent

| Farbe | Feste und Zeiten im Kirchenjahr | Deutung |
|---|---|---|
| Weiß | • Hochfeste: Osterzeit und Weihnachtszeit<br>• alle Christus-(Herren-)feste, wie z. B.: Fronleichnam, Christkönigsfest | Hinweis auf Christus; Freude; festliche Stimmung |
| Rot | • Palmsonntag<br>• Karfreitag<br>• Pfingsten | Hinweis auf den Heiligen Geist, Liebe, Blut, Feuer |
| Violett | • Adventszeit<br>• Fastenzeit | Ernst, Buße, Umkehr, Besinnung |
| Grün | • Zeit im Jahreskreis | Das alltägliche Leben der Christen soll von der Hoffnung getragen werden. |

# Das Kirchenjahr zieht Kreise

1. Weihnachtsfestkreis
2. Zeit im Jahreskreis
3. Osterfestkreis
4. Zeit im Jahreskreis
5. 1.–4. Advent
6. Weihnachten
7. Dreikönigsfest
8. Aschermittwoch
9. Fastenzeit
10. Karwoche
11. Ostern
12. Christi Himmelfahrt
13. Pfingsten
14. Fronleichnam
15. Erntedank
16. Allerheiligen
17. Allerseelen
18. Christkönigsfest

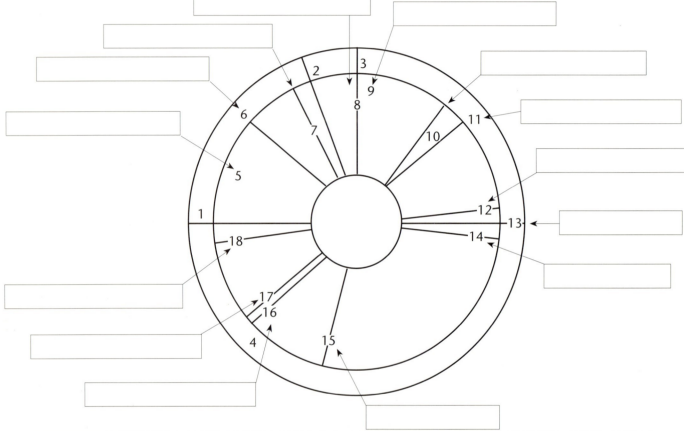

| Liturgische Farben | | | |
|---|---|---|---|
| **Weiß** | **Rot** | **Violett** | **Grün** |
| • Hochfeste in der Osterzeit und Weihnachtszeit<br>• alle Christusfeste, wie z. B.: Fronleichnam, Christkönigsfest | • Palmsonntag<br>• Karfreitag<br>• Pfingsten | • Adventszeit<br>• Fastenzeit | • Zeiten im Jahreskreis |

1. Trage die Feste und Festzeiten in schöner Schrift in die Felder mit den gleichen Nummern oder die Kästchen ein.
2. Male die Felder der Feste und Festzeiten mit den richtigen liturgischen Farben aus.
3. Zeichne in die Mitte ein kleines Bild zum Thema: Der Mittelpunkt des Kirchenjahres.

## 4.4 Advent

### Kompetenz
Die Sch werden mit dem Sinngehalt von Adventsbräuchen tiefer vertraut.

### Vorbemerkung
- Die Themen Advent und Weihnachten werden sinnvollerweise in die Nähe der Feiern im kirchlichen Jahreskreis gelegt.

### Vorbereitung
- L besorgt einen Adventskranz. Vielleicht kann er von Sch/Eltern selbst gebastelt werden.
- L besorgt Materialien für einen Adventskalender in der Klasse: Wäscheleine, 24 (Jute-)Säckchen oder Söckchen, Stoffreste zum Verzieren, Wäscheklammern. Für die Füllung: fantasievolle Texte und/oder Gegenstände

### Motivation/Themenfindung
- L deckt einen Adventskranz auf.
- Sch beschreiben und erzählen von den Adventskränzen zu Hause und an anderen Orten.

### Begegnung
- L liest die Geschichte „Die erste Kerze" (B1) vor.

### Erarbeitung
- L: „Lehrer Schöllkopf will die Klasse mit seinem Verhalten auf etwas aufmerksam machen."
- L: „Wie reagiert wohl die Klasse darauf?"
- Schüler lesen die Infotexte (B2–5) (arbeitsteilige PA).
- L: „Unterstreicht, was euch besonders wichtig erscheint. Stellt euer Ergebnis vor!"

### Vertiefung
- L schlägt vor, einen Adventskalender für die Klasse zu basteln. Dazu wird eine Leine in der Klasse gespannt, und es werden 24 kleine Jutesäcken an die Sch verteilt.
- Im Lehrer-Schüler-Gespräch werden Vorschläge für die Füllung der Säckchen gesammelt und festgelegt, z.B. ein Wunsch an die Klasse, eine Fürbitte für andere Menschen, ein Bonbon usw.

### Hausaufgabe
- Sch füllen die Säckchen.
- Sch besorgen Barbarazweige und stellen sie in der Klasse auf.

### Weiterführung
- Gestaltung eines Weihnachtsbriefes an die Eltern, evtl. unter Mitwirkung der Sch (B6).

**B6**

### „Mit freundlichen Grüßen – Ihr(e) ReligionslehrerIn"
### Elternbriefe zu Weihnachten und Ostern

An die Eltern ihrer Schüler wenden sich ReligionslehrerInnen schriftlich meist nur in Form von Mitteilungen über Disziplinschwierigkeiten oder Informationen über die Gemeindearbeit. Es gibt aber auch die Möglichkeit, Eltern auf andere Weise anzusprechen, z.B. an Weihnachten und Ostern.
Vor den Weihnachts- bzw. Osterferien können solche Briefe durch die Schüler an die Eltern weitergeleitet werden. Sie können ganz einfach gehalten sein – mit einem persönlichen Weihnachts- oder Ostergruß. Sie können aber auch ausführlicher gestaltet werden: im DIN-A4-Format mit Gedanken zum jeweiligen Fest, mit Vorschlägen, der Hektik der Feiertage zu entgehen, und mit Elementen wie Bild, Lied, Rätsel oder Gedicht als Anregungen für die Familie. Bevor die Briefe den Schülern mitgegeben werden, können sie im Unterricht von den Schülern mitgestaltet werden.
Ein Lehrer schreibt: „Auf meinen Weihnachtsbrief an die Schuleltern bekam ich immerhin von drei Müttern Rücklauf, die sich eigens zur wöchentlichen Elternsprechstunde anmeldeten, um sich mit mir als Religionslehrer über die religiöse Erziehung ihres Kindes zu unterhalten. Feedback erhielt ich über die zu Hause aufkommenden Fragen meiner Schüler bezüglich der am Vormittag behandelten Religionsthemen (etwa: „Mama, glaubst du eigentlich an ein Leben bei Gott nach dem Tod?" oder „Wie stellst du dir eigentlich den Himmel vor?"). Die Gespräche mit den Müttern waren für mich im eigentlichen Sinn Glaubensgespräche, die auch mir gut taten. Sich auf diese Weise näherzukommen und so auch zur Schulatmosphäre beizutragen, finde ich großartig! Im nächsten Jahr werde ich einen ähnlichen Elternbrief für Ostern entwerfen."

# Die erste Kerze

Der Lehrer Schöllkopf war keiner, hinter dessen Rücken die Kinder „Blödkopf" tuschelten. Einigen wenigen hatte das Wortspiel „Schöllkopf-Blödkopf" vielleicht gefallen. Aber die hätten die anderen dann gleich zu Gegnern gehabt. Einige fanden sogar, dass der Lehrer Schöllkopf toll sei. „Der tolle Schöllkopf" nannten sie ihn.

Der November ging zu Ende, als der tolle Schöllkopf seine Klasse, die fünfte, fragte, ob sie sich in diesem Jahr einen Adventskranz wünschte.

„Ja", rief Verena. „Warum denn nicht?" – „Es macht doch Spaß, wenn da was hängt, wonach man gucken kann, wenn es langweilig ist, besonders wenn die Lichter brennen."

„Erst eins, dann zwei, dann drei, dann vier, dann steht das Christkind vor der Tür", witzelte Paul. Die Klasse lachte. Herr Schöllkopf fand das nicht so komisch.

Plötzlich meldeten sich welche, die keinen Adventskranz wollten. „Und die Begründung?", fragte Herr Schöllkopf.

„Weil das doch ein richtiger Schmarrn ist. Da denkt sich doch keiner mehr was dabei. Mein Vater sagt: Weihnachten ist nur noch ein Geschäft."

Der Lehrer strich sich die Haare hinter die Ohren. Das war so eine Angewohnheit von ihm, wenn er einer Sache halb zustimmte und halb wieder nicht.

Er meinte: „Bis auf das ‚nur' gebe ich deinem Vater recht. Aber wer macht denn ein Geschäft daraus? Der liebe Gott?" Die Schüler lachten. „Oder entstehen Geschäfte von selbst?"

Stephanie meldete sich. Sie war die Jüngste in der Klasse. „Die Menschen machen das Geschäft. Weil sie selber es wollen."

„Eben", nickte der Lehrer. „Nun denkt einmal richtig mit, was für eine widerspruchsvolle Sache das ist. Die Menschen beklagen sich, dass Weihnachten nur noch ein Geschäft sei. Aber sie machen das Geschäft. Und dann wollen sie nichts mehr von Weihnachten wissen, weil es nur noch ein Geschäft ist. Wie findet ihr das?"

Er ging mit verschränkten Armen zwischen den Reihen hin und her und hörte sich an, was dieser oder jener zu sagen hatte. Dann blieb er bei Nulpe stehen, der wieder einmal zusammenfuhr. Dabei wollte der Lehrer gar nichts von ihm.

Nulpe war die größte Niete der Klasse. Deshalb hatten sie ihn „Nulpe" getauft, obwohl Nulpe eigentlich Gerhard hieß.

Gerhard-Nulpe hatte oder war so ziemlich alles, was einen Jungen unbeliebt macht. Er war langweilig und einfallslos. Wenn ihn einer stieß, absichtlich oder unabsichtlich, klappte er wie ein Taschenmesser zusammen. Beim Turnen hing er wie ein halbtoter Hering in den Ringen. Er sagte nie was, worüber man hätte lachen können. Sein Schulzeug hatte Nulpe auch nie beisammen, womit er sich das bescheidene Wohlwollen dieses oder jenes Lehrers auch noch verdarb. Er hatte es weder in der Mappe noch im Kopf.

Nulpe hatte keinen einzigen Freund. Auch nicht bei den Mädchen. Bei denen schon gar nicht. In den Pausen stand er allein herum. Er war so ein richtiger Schlappschwanz.

Wieso ihm einfiel, sich zum Adventskranzbasteln beim „tollen Schöllkopf" mit einzufinden, war nicht zu verstehen. „Dass der sich überhaupt traut", flüsterte Petra ihrer Freundin zu. Nulpe stand auch jetzt nur herum. Als ihn Lehrer Schöllkopf bat, einmal zwei Zweige zusammenzuhalten, ließ er einen davon fallen.

Der Lehrer hatte übrigens wegen des Adventskranzes abgestimmt. Das Ergebnis war eindeutig ausgefallen. Dreiviertel der Klasse war für einen Kranz. Wenige dagegen. Einigen war es egal.

„Schön", nickte der Lehrer. „Dann bitte ich die, die den Kranz mit mir basteln möchten, sich heute Nachmittag bei mir einzufinden. Wir gehen dann zuerst in den Wald und suchen uns die Zweige zusammen." Lehrer Schöllkopf wohnte am Waldrand. Neun Schüler waren gekommen. Sie stolperten nach dem Sammeln gleich in den Hobbykeller hinunter. Sie hatten so viele Zweige beisammen, dass es noch zu mehreren kleinen Kränzen langte, die sie mit nach Hause nehmen konnten. Frau Schöllkopf hatte Plätzchen gebacken. Es gab auch noch Punsch, natürlich ohne Alkohol. Alle fanden, dass es ein richtig toller Nachmittag war.

Nur Paul lachte natürlich, als er sich Näheres erzählen ließ. „Na, da waren ja Vatis Lieblinge mal wieder zusammen." Bis auf Nulpe natürlich, der bestimmt kein „Liebling" war.

Am Montag hing der Kranz von der Decke des Klassenzimmers. Groß, rund und fest, mit vier roten Kerzen besteckt. Zuerst wurde ein Lied gesungen. Dann sagte der Lehrer etwas über Advent. Das gehörte sich so, dass es die Zeit der Erwartung, aber auch des eigenen Bemühens sei. Des Bemühens um Liebe und Verstehen zwischen den Menschen. Dass jeder für den anderen ein Licht sein könne, wenn es nur in ihm selbst hell sei. „Für den Traurigen, für den Hungernden, für den Einsamen, für den Kranken. Auch für alle, die gern fröhlich sein möchten", schloss der Lehrer, „und es oft nicht aus eigener Kraft können."

„Amen", sagte der lange Paul, weil er immer das letzte Wort haben musste.

Dann aber begann die Sache spannend zu werden. Der Schöllkopf musste jetzt jemand auswählen, der die erste Kerze am Kranz anzünden durfte. Aber nicht irgendeinen, auf den sein Blick gerade gefallen war, oder weil er sich meldete. Der Lehrer sagte, das Anzünden der ersten Kerze sei eine Auszeichnung und eine Ehre.

Die Klasse wartete mäuschenstill. Selbst der lange Paul versagte sich eine Bemerkung, als der Lehrer – ja, war so etwas möglich! – zielsicher auf Nulpe zuging, der natürlich gleich wieder rot wurde.

Die Klasse erstarrte. War das ein Witz?

Doch der Lehrer sagte: „Gerhard, ich habe mich sehr gefreut, dass du bei unserem Kranz mitgeholfen hast. Möchtest du jetzt vielleicht die erste Kerze anzünden?"

Natürlich gingen Gerhard zuerst zwei Streichhölzer aus. Aber mit dem dritten schaffte er es. Das erste Adventslicht strahlte auf.

## Advent – 4 Sonntage vor Weihnachten

Das lateinische Wort „adventus" bedeutet eigentlich Ankunft. Die Römer bezeichneten den ersten offiziellen Besuch eines Herrschers oder die Thronbesteigung eines Kaisers als „adventus". Für die Christen ist der Advent die Zeit der Vorfreude auf die Geburt Christi. Der 1. Adventssonntag ist zugleich der Beginn eines neuen Kirchenjahres. Wie vor der Fastenzeit im Frühjahr gibt es auch vor der Adventszeit eine Zeit des Feierns: Martinsgans und der Beginn des Karnevals am 11.11.

Der Advent ist schon mehr als 1500 Jahre alt. Die ersten Spuren einer Adventszeit finden sich um 400. Bischof Perpetuus von Tours (gestorben 490) forderte als Erster, sich auf Weihnachten ebenso durch eine Bußzeit vorzubereiten wie auf Ostern. Das Konzil von Trient (1545–1563) schrieb den Advent von vier Wochen für die Gesamtkirche vor. Übrigens: Der 24. Dezember zählt noch zum Advent. Am Abend dieses Tages aber beginnt bereits Weihnachten.

## Adventskranz

Der Adventskranz passt gut zur Bedeutung des lateinischen „adventus". Der Kranz gilt seit der Antike als Symbol der Auszeichnung, ja der Krönung. Die grünen Zweige weisen somit als Träger von Hoffnung nicht nur auf Weihnachten hin, sondern auch auf das Kommen des Königs, des Messias. Der Kreis ist ein Zeichen von Ewigkeit und Geschlossenheit. Die vier Kerzen ste-

hen für das stetige Wachsen des Lichtes hin zu den Feiertagen. Heutzutage gibt es die Kerzen des Adventskranzes in allen Farben. Früher waren es in manchen Gegenden drei violette und eine rosa Kerze. Violett ist die Farbe der Buße und Umkehr. Die rosa Kerze wurde am dritten Adventssonntag angezündet. Dieser Sonntag heißt auch „Gaudete" („Freuet Euch"), weil an diesem Tag die besondere Freude auf die nahe Geburt Jesu im Mittelpunkt steht. Der Brauch, Lichter auf einem Kranz anzustecken, stammt vom evangelischen Theologen Johann Heinrich Wichern (Gründer der Diakonie). Dieser hatte im Jahr 1833 in der Hansestadt Hamburg ein Erziehungsheim

für sozial vernachlässigte Kinder gegründet. Zur Freude seiner Schützlinge wurde damals noch an jedem Adventstag ein neues Licht auf einem großen Wagenrad angesteckt. Der „moderne" grüne Tannen- oder Fichtenkranz kam erst um 1900 auf.

## Adventskalender

Vor knapp hundert Jahren druckte Gerhard Lang in München den ersten Adventskalender in Erinnerung an seine Mutter. Sie hatte 24 Plätzchen auf einen Karton genäht, um ihrem Sohn die lange Wartezeit auf das Christkind zu versüßen. Seine Erfindung verbreitete sich schnell. So wie die offenen Türchen beim Adventskalender mehr werden, soll sich auch unser Herz immer weiter für die Ankunft Gottes öffnen.

## Barbarazweige

Am 4. Dezember, dem Festtag der heiligen Barbara, werden Kirsch- oder Forsythienzweige in eine Vase mit lauwarmem Wasser gesteckt. An Weihnachten, also mitten im Winter, beginnen sie zu blühen. Die „Barbarazweige" erinnern an die heilige Barbara, die nach der Legende für ihren Glauben starb. Ihr Tod wird mit einer Knospe, die Begegnung mit Jesus in der Auferstehung mit der Blüte verglichen.

## 4.5 Weihnachten

### Kompetenz

Sch werden sich bewusst, wie sie Weihnachten zu Hause feiern, und werden auf das Problem der Überlagerung des Sinngehalts des Festes durch die Überfülle von Geschenken aufmerksam.

### Motivation/Themenfindung

- L spielt leise ein traditionelles Weihnachtslied ein.
- L legt Folie „Wie wir zu Hause Weihnachten feiern …" **(B1)** auf.
- L: „Alle Jahre wieder feiern wir Weihnachten. Ein Tannenbaum wird aufgestellt, vielleicht auch eine Krippe. Jede Familie feiert Weihnachten auf ihre Weise. Wer möchte, kann erzählen …"
  Sch erzählen.

### Begegnung

- L liest die Geschichte „Müllgeschenke" von Gudrun Pausewang **(B2)** vor.
- L: „Mitfühlen konnte ich, als …"

### Vertiefung

- L legt Folie der Karikatur **(B3)** auf.
  Sch beschreiben und deuten.
- L: „Das ‚göttliche Geschenk' also das Kind Jesus, ist eigentlich die Begründung dafür, dass Christen sich an Weihnachten mit (kleinen) Geschenken Freude bereiten."

### Transfer

- L: „Es gibt Geschenke, die nichts kosten. Stellt eine Hitliste zusammen!"
- L notiert an der Tafel oder auf Folie.

### Zusätzliche Bausteine

B4 Informationen zum Weihnachtsfest
B5 Scherzfragen zum Weihnachtsfest

**B1**

## Wie wir zu Hause Weihnachten feiern …

*Gudrun Pausewang*
# Müllgeschenke

Pablito und Carlitos sind Brüder, neun und acht Jahre alt. Sie haben schwarze Haare und schwarze Augen und eine dunkle Haut. Sie sind richtige Indianer, aber sie reiten nicht auf Pferden und schießen nicht mit Pfeil und Bogen. Sie leben auch nicht im Wald, sondern am Rand einer großen Stadt in Südamerika. Ihr Vater ist eines Tages fortgegangen und nicht wiedergekommen. Mit ihrer Mutter und ihren vier jüngeren Schwestern wohnen sie in einer winzigen Hütte, die aus Kistenbrettern, Pappkarton und Wellblech zusammengenagelt ist. Die Hütte hat keinen Fußboden. Die Kinder schlafen auf dem bloßen Lehmboden. Wenn die Mutter Wasser braucht, schickt sie einen der beiden Jungen mit einem Marmeladeneimer los. Zehn Minuten von der Hütte entfernt ist ein Trog mit einem Wasserhahn darüber. Dort holen alle Leute aus dem Viertel Wasser, denn in keine von allen Hütten, die da am Hang stehen, führt eine Wasserleitung. Wenn die Frauen waschen wollen, gehen sie zum Fluss hinunter. Aber das Wasser dort ist sehr schmutzig.

Die Mutter geht jeden Tag in die Stadt, um bei reichen Familien die Wäsche zu waschen. Das jüngste Schwesterchen nimmt sie mit, denn das ist noch ein Baby und trinkt an Mutters Brust. Auf die anderen passt Carlitos auf. Er kocht sogar für sie. Die Mutter kann sich auf ihn verlassen. Pablito, der Große, geht auch schon in die Stadt arbeiten. Er hilft der Mutter Geld verdienen. Er ist Schuhputzer. Er hat eine Fußstütze und einen Karton mit Schuhputzzeug. Auf dem großen Platz vor der Kirche, mitten in der Stadt, wartet er, ob jemand seine Schuhe geputzt haben will. Für jedes Paar Schuhe, das er putzt, bekommt er ein paar Centavos. Die gibt er seiner Mutter, denn sie verdient nicht genug Geld, um alle sechs Kinder zu kleiden. Deshalb laufen sie barfuss und halb nackt. Gott sei Dank ist es dort, wo sie leben, das ganze Jahr über warm. Die Mutter hat kaum Geld genug, um die Kinder satt zu bekommen. Deshalb geht Pablito morgens fort, ohne zu frühstücken. Er lässt sein Frühstück den Geschwistern. Unterwegs kommt er am Markt vorbei. Dort liegen oft zerquetschte oder angefaulte Früchte herum. Da sucht er sich etwas zu essen.

Pablito und Carlitos würden so gern in die Schule gehen. Aber daran ist gar nicht zu denken, denn auch die Schule kostet Geld. Auf dem großen Platz, wo Pablito Schuhe putzt, arbeitet ein Schuhputzer, der ein paar Jahre älter ist und lesen und schreiben kann. Wenn gerade niemand die Schuhe geputzt haben will, erklärt er dem Pablito die Buchstaben und bringt ihm das Lesen bei. Und Pablito erklärt daheim alles, was er gelernt hat, dem Carlitos. So kommt es, dass doch alle beide schon ein wenig lesen können.

Sonntags, wenn die Mutter daheim ist, gehen beide Buben in die Stadt. Sie müssen eine Stunde zu Fuß gehen, bis sie auf den Platz kommen, denn den Bus können sie ja nicht bezahlen. Unterwegs kommen sie auch an den Häusern reicher Leute vorbei. Dort schauen sie jedes Mal in die Mülleimer, denn oft finden sie darin noch Abfälle aus der Küche, die man essen kann: einen angebissenen Apfel, ein halbes Kotelett, ein trockenes Stück Brot. Manchmal finden sie so viel, dass sie auch noch etwas für die Mutter und die Schwestern mit nach Hause nehmen können. Dafür hat Pablito immer einen Sack mit. Aber sie sind nicht die einzigen, die in den Mülleimern wühlen. Oft finden sie nichts, weil schon andere vor ihnen da waren. An einem Sonntag im November sagt Pablito zu Carlitos: „Es ist bald Weihnachten. Wir müssten der Mutter und den Mädchen was schenken."

„Schenken?" fragt Carlitos traurig. „Wir haben doch kein Geld, um was zu kaufen. Voriges und vorvoriges Jahr und alle Jahre davor haben wir ihnen doch auch nichts schenken können!"

„Aber dieses Jahr sind wir schon größer, du und ich", sagte Pablito. „Wir sind jetzt schon fast erwachsen. Wir müssen uns was einfallen lassen. Es wäre doch schön, wenn alle was geschenkt bekämen, wie bei den reichen Leuten."

„Schön wäre es schon …" meint Carlitos.

Nach ein paar Tagen hat Pablito eine Idee. „Hör mal", sagte er leise zu seinem Bruder, so, dass es die Mutter nicht hören kann, „ich hab mich erkundigt, wo der Müll aus den Mülleimern hingeschafft wird. Auf der Südseite der Stadt ist ein riesiger Müllplatz, haben sie mir erzählt, da wird der ganze Abfall hingekippt. Wenn wir dort suchen gingen, könnten wir vielleicht noch allerlei Schönes finden."

„Au ja", flüstert Carlitos, „für jeden was Schönes, vielleicht auch für uns?"

Am nächsten Sonntag ziehen sie mit dem Sack los. Die Mutter denkt, sie gehen Schuhe putzen, wie immer. Sie müssen zwei Stunden zu Fuß laufen und oft fragen, bis sie den Müllplatz finden. Aber es lohnt sich. Sie krabbeln den halben Sonntag im Schmutz herum und wühlen. Ab und zu ruft der eine den anderen aufgeregt zu sich und zeigt ihm, was er gefunden hat. Auch andere Leute scharren da herum. Aber der Müllplatz ist so groß, dass jeder etwas finden kann, wenn er nur fleißig wühlt.

Pablito findet eine Kaffeetasse mit Rosen darauf. Sie ist noch ganz, nur oben am Rand ist ein winziges Eckchen herausgebrochen. Er findet außerdem ein Messer, eine Schöpfkelle und in einer Plastiktüte ein zusammengerolltes Kinderkleid, das sehr schmutzig, aber noch fast neu ist. Das könnte Elena passen, denkt er.

Carlitos hat auch Glück. Er findet eine große Blechdose mit einem Deckel, eine Gabel, die allerdings nur noch drei Zinken hat, ein Püppchen aus Plastik, von dem aber an manchen Stellen schon die Farbe ab ist, und eine noch gut erhaltene Kehrichtschaufel. Neben dem Müllplatz ist ein kleiner Weiher. Dort waschen sie alles, was sie gefunden haben, auch das Kleid, und scheuern Messer, Gabel und Schöpfkelle mit Sand, bis sie wieder glänzen.

„Die Puppe ist für Lolita", sagt Carlitos.

Dann packen sie alles in den Sack und gehen zurück auf den Platz vor der Kirche. Sie müssen ja noch etwas Geld heimbringen, sonst ist die Mutter traurig, weil sie mit dem Geld gerechnet hat. Pablito trägt das Schuhputzzeug, Carlitos den Sack mit den Geschenken.

„Am nächsten Sonntag gehen wir wieder", sagt Carlitos zu Pablito. „Denn für Marina und Rosita haben wir noch nichts."

Sie sind todmüde, als sie endlich am Abend heimkommen. Aber sie haben auf dem Platz noch achtzig Pfennig verdient. Die Mutter freut sich. Sie hat ihnen ein bisschen Reissuppe aufgehoben. Sie verstecken den Sack im Gestrüpp am Hang hinter den Hütten. Das Gestrüpp ist stachlig. Dort kriecht so leicht niemand hinein. Jeden Abend, wenn Pablito nach Hause kommt, sprechen sie leise über die Geschenke.

„Die werden Augen machen!" flüsterte Carlitos.

Am nächsten Sonntag wandern sie wieder los, zwei Stunden hin und zwei Stunden zurück. Diesmal haben sie noch mehr Glück: Sie finden einen Gummiball, der noch richtig springt, ein Bügeleisen, das wie neu aussieht, einen Blechteller mit einem Katzenbild darauf, vier leere Flaschen, einen verrosteten Sheriffstern zum Anstecken, einen Eimer, dem nur der Henkel fehlt, einen Kinderbecher aus Plastik und eine große Dose voller Waffeln, von denen nur einige ein bisschen angeschimmelt sind. Die Waffeln sind wirklich ein großartiger Fund. Ein Wunder, dass sie nicht schon jemand erwischt hat. Die Jungen waschen und putzen am Weiher, dann ziehen sie stolz davon. Carlitos verschwindet fast unter dem Sack. Dieser Müllplatz ist ja eine Schatzgrube! Immer wieder bleiben sie stehen, öffnen den Sack und schauen hinein. Sie überlegen: Bis zum Heiligen Abend fehlt noch ein Sonntag. Wenn sie an ihm auch noch einmal auf den Müllplatz gehen, werden sie so viele Geschenke haben, dass sie in der Hütte kaum Platz haben werden!

Aber am nächsten Sonntag haben sie Pech: Über dem Müllplatz steht eine dunkle Wolke. Rauch steigt auf. Die Müllmänner haben den Müll angezündet. Alles ist verbrannt oder verkohlt. Aber Pablito und Carlitos trösten sich bald. Sie haben ja schon so viel gesammelt. Und am Nachmittag des Heiligen Abends, den sie kaum erwarten konnten, sagen sie zur Mutter: „Könntest du nicht eine Weile mit den Kleinen spazieren gehen? Wir haben da nämlich eine Überraschung für euch ..."

Die Mutter lächelt und wundert sich und geht wirklich mit den vier Mädchen fort. In aller Eile holen die beiden Buben den Sack aus dem Gestrüpp, wischen den Tisch ab und bauen darauf die Geschenke für die Mutter auf. In die Mitte stellen sie die Waffeldose. Die Geschenke für die Schwestern legen sie auf die einzigen beiden Stühle, die es in der Hütte gibt. Dann laufen sie hinaus und zerren die Mutter und die Kleinen zur Tür herein. Die stehen stumm vor Staunen vor den Gaben, bis Pablito das Püppchen vom Stuhl nimmt und es Lolita reicht. Carlitos drückt Elena das saubere Kleid in die Hände und Marina den Blechteller mit dem Katzenbild. „Für Rosita ist der Becher", sagt Pablito. „Aber sie kann ihn ja noch nicht halten."

Er nimmt der Mutter das Baby aus dem Arm, damit sie ihre Geschenke betrachten kann. Sie findet die Kaffeetasse mit den Rosen sehr schön. Sie sagt, sie habe sich schon immer so eine Tasse gewünscht. Messer, Schöpfkelle und Gabel könne sie auch gut gebrauchen. Das stimmt, denn sie hat nur ein Messer und zwei Gabeln und überhaupt keine Schöpfkelle. Die Blechdose mit dem Deckel ist gut, um den Reis darin vor den Ratten zu schützen. Die Kehrichtschaufel kommt wie gerufen, denn die alte ist schon vor einem halben Jahr zerbrochen. In den vier Flaschen kann die Mutter Wasser aufbewahren, ebenso in dem Eimer ohne Henkel. Was für ein Segen, so ein Eimer, aus dem man mit der Kelle Wasser schöpfen kann, wann man es braucht! Die Mutter bewundert auch das glänzende Bügeleisen. Sie sagt den Jungen nicht, dass sie es nicht gebrauchen kann, weil es sicher kaputt ist und weil es in der Hütte ja auch keinen elektrischen Strom gibt, an den man es anschließen könnte. Nein, sie sagt nichts, sonst könnten die Jungen traurig sein.

Dann teilen Carlitos und Pablito die Waffeln aus. Die kleinen Schwestern schmatzen vor Vergnügen. Lolita füttert auch ihre neue Puppe. Elena hat sich das neue Kleid angezogen. Marina legt die Waffeln auf ihren Blechteller.

„Freust du dich?", fragt Pablito die Mutter.

„Und wie!", antwortet sie. „Wer hätte das gedacht, dass ich so beschenkt werde! Am meisten freue ich mich darüber, dass ich jetzt zwei große Jungen habe, die mir viele Sorgen abnehmen. Zwei solche Jungen wir ihr, die sind zusammen so viel wert wie ein Mann. Nur etwas macht mich traurig: Ihr habt die Mädchen und mich so reichlich beschenkt, aber ich habe gar nichts für euch!"

Da schmiegt sich Carlitos an sie, zeigt unter den Tisch und sagt: „Deswegen brauchst du nicht traurig zu sein. Denn wir haben uns auch was geschenkt."

Er holt den Gummiball hervor und Pablito den Sheriffstern.

„Gott sei Dank", sagte die Mutter. „Nun haben doch alle was bekommen. Was für ein herrliches Weihnachtsfest!"

Sie setzt sich auf einen der beiden Stühle und wischt sich die Tränen mit ihrem Rock ab. Die Mädchen schauen sie ängstlich an und wollen sie trösten, aber Pablito sagt: „Ihr braucht sie nicht zu trösten. Sie weint ja vor Freude!"

*aus: Dietrich Steinwede und Sabine Ruprecht (Hg.), Vorlesebuch Religion 3, Kaufmann-Verlag 1992 und Persen Verlag. 2005.*

4 Feste und Feiern – Das Kirchenjahr

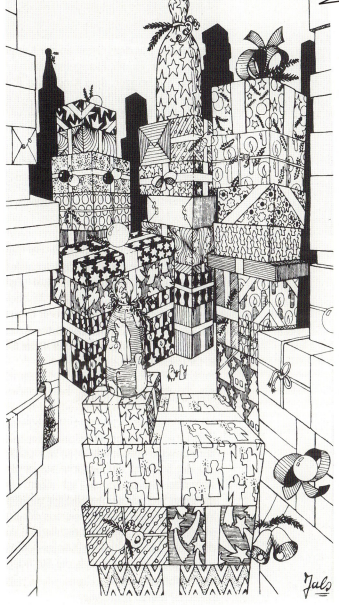

## Weihnachten

Weihnachten ist das Fest der Geburt Jesu Christi. Das historisch exakte Geburtsdatum Jesu ist unbekannt. Es dürfte irgendwann im Jahre 6 vor dem irrtümlich als Geburtsjahr Jesu angenommenen Jahr „0" liegen. Ursprünglich feierten die Christen die Geburt Jesu am 6. Januar, dem heutigen Dreikönigsfest. Das Konzil von Konstantinopel erklärte 325 den 25. Dezember zum Fest der Geburt Jesu. Die Nacht vom 21. zum 22. Dezember ist die längste Nacht des Jahres, ab hier beginnt sich die Sonne, das Licht und damit auch das Leben wieder durchzusetzen (Wintersonnenwende). Die symbolische Bedeutung der Sonnenwende hatte diesen Tag schon vor dem Christentum zu einem besonderen „heiligen" Tag werden lassen. Im antiken Rom wurde am 25. Dezember das Fest des unbesiegbaren Sonnengottes (sol invictus) gefeiert. Der Symbolgehalt des Lichtsieges und des Lebensbeginns hat die westliche Kirche dazu bewogen, gerade in dieser Nacht die Geburt Jesu zu feiern. Die Wahl dieser Nacht macht deutlich: In der Geburt Jesu hat das Leben über den Tod gesiegt. Das göttliche Licht hat die Finsternis erhellt.

**Was der Name Weihnachten bedeutet**

Der Ausdruck „Weihnachten" leitet sich übrigens vom althochdeutschen Wort „wih" ab, das so viel bedeutet wie „heilig" oder „geweiht". Wörtlich übersetzt heißt also Weihnachten nichts anderes als „heilige Nacht".

**Krippe mit Ochs und Esel**

Seit dem 11. Jahrhundert werden vor allem in Kirchen und Klöstern Krippen aufgestellt. Der heilige Franziskus gilt als der Begründer dieses Brauches. Er stellte 1223 in einer Höhle eine Futterkrippe auf und legte ein aus Wachs nachgebildetes Christkind hinein. Gott will keine Luxusvilla für sich, kein Cabrio mit Stern, keinen Swimmingpool. Ein armseliger Viehstall genügt ihm, um bei den Ärmsten der Armen zu sein.

**Christbaum**

Wenn der Winter so richtig eisig ist und die langen Nächte vom warmen Sonnenschein träumen lassen, wächst die Sehnsucht nach dem Frühling. Die immergrünen Zweige von Tannen und Fichten haben schon von alters her die Hoffnung darauf lebendig gehalten. Der Christbaum erinnert auch an den Baum des Lebens im Paradies. Deshalb trägt er Früchte des Lebens: Äpfel, Nüsse, Gebäck. Dazu kommen heute noch Kostbarkeiten wie Christbaumkugeln oder anderer Schmuck. Die brennenden Kerzen wollen sagen: Jesus ist das Licht der Welt. Die typisch deutsche Weihnacht mit Tannenbaum, Kugeln, Krippe hat sich erst Mitte und Ende des 19. Jahrhunderts herausgebildet. Licht ist bei den altorientalischen Völkern das Urbild für Leben.

# Scherzfragen zum Weihnachtsfest

| | |
|---|---|
| Auf welche Laus freuen sich die Kinder in Deutschland am meisten? | Nikolaus |
| Was geschieht, wenn man am Vorabend des 6. Dezembers seine Stiefel bei regnerischem Wetter vor die Haustür stellt? | Die Stiefel werden (wohl) nass. |
| Was ist beim Nikolaus groß, beim Weihnachtsmann aber klein? | der Buchstabe „N" |
| Was ist, wenn ein Schotte mit einer Kerze vor dem Spiegel steht? | 2. Advent |
| Stimmt es, dass Advent vorn mit „A" und hinten mit „h" geschrieben wird? | Ja, „Advent" wird vorn mit „A" und „hinten" wird (vorn) mit „h" geschrieben. |
| Wieso müsste der Weihnachtsmann ein Chinese sein? | Auf vielen Geschenken steht geschrieben: „Made in China". |
| Welcher Abend fängt nur einmal im Jahr bereits morgens an? | Heiligabend |
| Auf welchem Stuhl in der Kirche sitzen zu Weihnachten keine Personen? | auf dem Dachstuhl |
| Was bekommt ein Engel, der auf einen Misthaufen fällt? | Der Engel bekommt Kotflügel. |
| Warum kann es während der Weihnachtszeit nicht zwei Tage hintereinander regnen? | Weil jeweils eine Nacht dazwischen ist. |
| Welche Flocken fallen (auch) zu Weihnachten nicht vom Himmel? | Haferflocken |
| Womit fängt Weihnachten an, und womit hört es auf? | Weihnachten fängt mit dem Buchstaben „W" an und hört mit „n" auf. |
| Wie könnte die Ehefrau von Santa Claus heißen? | Mary Christmas |
| Wann sagt ein Franzose „Frohe Weihnachten"? | wenn der Franzose Deutsch kann |
| In welchen Stollen arbeiten keine Bergleute? | in Christstollen |
| Wo hat es die Weihnachtsgans am wärmsten? | im Ofen |
| Welche Nüsse möchte niemand bekommen? | „Kopfnüsse" |
| Welche Kekse werden nicht gegessen? | Scherzkekse |
| Mit welcher Angel kann man musizieren? | mit der Triangel |
| Brennen weiße oder rote Weihnachtskerzen länger? | Alle Kerzen brennen kürzer! |
| Welche Glocken läuten nicht zu Weihnachten? | Osterglocken, Taucherglocken |
| Mit welchen Streichinstrumenten kann man keine Weihnachtsmusik machen? | mit Pinseln |
| Womit fangen die Bauchschmerzen nach zu reichlichem Weihnachtsessen an? | „Bauchschmerzen" fangen immer mit dem Buchstaben „B" an. |

## 4.6 Aschermittwoch und Fastenzeit

### Kompetenz
Die Sch werden mit dem Sinngehalt der Fastenzeit tiefer vertraut.

### Motivation/Themenfindung
- „Brainstorming" zum Thema „Fasten", entweder mit der Klasse insgesamt (TA) oder auf DIN-A4-Blättern in Kleingruppen.
- Gedanken und Ideen werden gesammelt und geordnet, z. B. unter Überschriften wie: Beispiele (für das Fasten) – Ziele (beim Fasten) – Thema „Abspecken" – Kirche und Bibel – Praktische Vorschläge (TA).

### Begegnung
- Sch lesen das Gespräch mit Bruder Paulus über die Fastenzeit (**B1**).

### Erarbeitung
- L/Sch bringen Informationen zur Fastenzeit ein (**B2**).
- L: „Der Übergang von der Faschings- oder Karnevalszeit zur Fastenzeit wird mit verschiedenen Bräuchen begangen. Welche Bräuche kennt ihr in eurer Umgebung?"

### Vertiefung
- L/Sch bringen (arbeitsteilig) Informationen zum Aschermittwoch ein (**B3**), evtl. als Folie.

### Transfer
- L: „Fasten ist mehr als nur der Verzicht auf Genussmittel. Es geht weniger um Verzicht als um Gewinn: Zeit gewinnen für …, Kraft gewinnen für … Sammelt in PA Ideen, wie Menschen mit allen Sinnen fasten können." (PA) AB kann dazu als Folie in Streifen geschnitten werden.

### Sicherung
- Sch bearbeiten AB.

### Weiterführung
- Die Sch überlegen, ob und in welchem Rahmen (Schul- oder Klassengottesdienst) die Austeilung des Aschenkreuzes möglich ist.

### Hausaufgabe
- L: „In der Fastenzeit finden Aktionen und Sammlungen für das kirchliche Hilfswerk *Misereor* (‚Ich habe Erbarmen') statt. Sammelt Informationen über das Hilfswerk, und überlegt, weshalb es gut in diese Zeit passt!" (Vgl. auch Thema 5: Not hat viele Gesichter)

---

**B2**

### Fastenzeit

Abspeckkuren, um die Idealfigur zu erreichen: Daran könnte der Begriff „Fastenzeit" erinnern. In Wirklichkeit geht es um etwas anderes: Das Leben soll neu auf Gott hin ausgerichtet werden. Umkehr und Buße stehen im Mittelpunkt. Das Fasten kann dabei hilfreich sein. Die christliche Fastenzeit dauert 40 Tage, beginnt mit dem Aschermittwoch und endet mit dem Ostersamstag (Karsamstag). Sie dient der Vorbereitung und Einstimmung auf das Osterfest und ist gleichzeitig auch eine Zeit besonderer Solidarität mit den Hungernden und Notleidenden in aller Welt. Der eigene Verzicht sollte anderen zugute kommen. Die Zahl 40 ist ein biblisches Zeitmaß: Jesus nahm eine 40-tägige Gebets- und Fastenzeit auf sich, Mose war 40 Tage auf dem Berg Sinai, Elija wanderte 40 Tage zum Berg Horeb, das Volk Israels verbrachte 40 Jahre in der Wüste. Im Mittelalter verzehrte man in der Fastenzeit nur eine Mahlzeit am Abend und verzichtete auf Wein, Fleisch, auch auf Eier und Milchprodukte. Ausgenommen von der Fastenzeit waren allerdings die Sonntage. Heute sind nur noch der Aschermittwoch und der Karfreitag von der Kirche vorgeschriebene Fast- und Abstinenztage. Die zwei Fastengebote an diesen beiden Tagen sind der Verzicht auf Fleischspeisen (und Alkohol) und die nur einmalige Sättigung. Sie gelten ab dem 14. Geburtstag. An Fasttagen essen noch heute viele Menschen Fisch. Fisch galt früher als Armeleuteessen, Fleisch hingegen als Luxus.

## Fasten ist etwas ganz anderes – Gespräch mit Bruder Paulus

Bruder Paulus Terwitte ist Kapuzinermönch und als Seelsorger durch das Fernsehen bekannt geworden. Wir haben ihn gefragt, was die Fastenzeit für ihn bedeutet und wie er fastet.

**Redakteur:** Am Aschermittwoch beginnen die 40 Tage der Fastenzeit. Was ändert sich bis Ostern für Sie ganz persönlich?

**Bruder Paulus:** Ich werde auf jeden Fall öfter spazieren gehen und mich fragen: Wie kann ich meine Liebe zu Gott in meinem Leben ganz neu verwirklichen? Und dann werde ich auch einige Stunden mehr einplanen für Menschen, die mir etwas bedeuten und denen ich etwas bedeute, gute Freunde. Übrigens ist für mich auch klar: kein Alkohol, nichts Süßes.

**Redakteur:** Fasten Mönche im Kloster besonders?

**Bruder Paulus:** Fasten ist mehr als nur der Verzicht auf Genussmittel. Sich ausrichten auf Gott, den inneren Schweinehund überwinden, noch mal verzeihen, eine Runde mehr beten, die Stille mit Gott suchen und den Lärm ausschalten – ach, das ist jeden Tag neu dran und sehr erfüllend, wenn man es aus Liebe zu Gott macht. Es geht weniger um Verzicht als um Gewinn: Zeit gewinnen für Freunde, Kraft gewinnen für ein aufgeschobenes Telefonat, Mut, sich mal etwas Gutes zu tun.

**Redakteur:** Warum ist das für Menschen heute so wichtig? Ihr Leben ist doch in Ordnung.

**Bruder Paulus:** Zu viele leben gar nicht mehr, sondern lassen sich leben, fragen sich immer wieder: Was muss man machen, was ist angesagt. Sie sind nicht mehr Herr im eigenen Haus. Es muss doch möglich sein, einfach eine neue Gewohnheit ins Leben zu bringen. Raus aus der Spur – trau dich, mehr Leben ins Leben zu bringen. Lies mal eine Stunde ein Buch – weg von der Bilderflut des Fernsehens.

**Redakteur:** Fasten ist oft zur Gewichtsabnahme gefragt.

**Bruder Paulus:** Fasten ist etwas ganz anderes. Du nimmst die Freiheit, dir nicht alles zu nehmen, wozu du Lust hast – das ist der Kick. Ich beweise mir selber, dass ich auf nichts anderes abfahren will als auf Vernünftiges, auf das, was mir und anderen wirklich dient. Wenn es denn Gewichtsabnahme ist, bitte! Aber ordentlich essen kann für einen Dürren auch Fasten sein.

**Redakteur:** Das wäre das Sichtbare an der Fastenzeit. Wie sieht es mit Meditation und Schweigen aus?

**Bruder Paulus:** Wenn ich meditiere, dann geht es mir darum, dass ich mir Zeit nehme, mit Gott zusammen zu sein. Wie wenn Verliebte auf einer Parkbank sitzen und einfach so vor sich hinsinnen, glücklich, dass der andere da ist. Schweigen gibt mir Gelegenheit, auf meine innere Stimme zu hören. Ich werde nicht abgelenkt und kann mich besser konzentrieren. Die Gedanken lasse ich dabei einfach vorbeiziehen wie ein Schwarm von Zugvögeln. Und ich weiß: Gott empfängt meine Gedanken und auch mich selber in diesem Schweigen, das nicht leer ist, sondern sehr beredt. Die meisten Menschen haben durch Beruf und Familie gar nicht die Zeit und Gelegenheit zu schweigen. Ich sag's mal so, wir in den Klöstern sind auch dafür da, für diese Menschen ein bisschen mitzuschweigen.

### Aschermittwoch

Mit dem Aschermittwoch endet die Faschingszeit und die Fastenzeit beginnt. Im katholischen Gottesdienst wird Asche gesegnet und den Gläubigen in Kreuzform auf die Stirn gezeichnet. Die Asche wird aus den verbrannten Palmkätzchen gewonnen, die im Jahr zuvor in der Palmprozession am Palmsonntag mitgetragen wurden. Der Sinn dieses Ritus zeigt sich im Text, den der Priester spricht, wenn er den Gläubigen mit Asche das kleine Kreuz auf die Stirn zeichnet: „Gedenke, Mensch, dass du aus Staub bist und wieder zum Staub zurückkehren wirst."

Bereits in der Antike war es im ganzen Mittelmeerraum Brauch, sich aus religiösen Gründen Asche auf den Kopf zu streuen oder sich überhaupt mit Asche zu beschmutzen. Sie ist ein altes Zeichen der Trauer und symbolisiert auch die Vergänglichkeit des Lebens.

### Segensgebet bei der Aschenweihe

*Gott, du willst nicht den Tod des Sünders. Du willst, dass er sich bekehrt und lebt. Erhöre gnädig unsere Bitten: Segne diese Asche, mit der wir uns bezeichnen lassen, weil wir wissen, dass wir Staub sind und zum Staub zurückkehren. Hilf uns, die 40 Tage der Buße in rechter Gesinnung zu begehen. Verzeih uns unsere Sünden, erneuere uns nach dem Bild deines Sohnes, und schenke uns durch seine Auferstehung das unvergängliche Leben.*

# Am Aschermittwoch beginnt die Fastenzeit

Fasten ist mehr als nur der Verzicht auf Genussmittel. Es geht weniger um Verzicht als um Gewinn: Zeit gewinnen für … , Kraft gewinnen für … Sammelt Ideen, wie Menschen so mit allen Sinnen fasten können.

**Fasten mit den Augen:**
_____
_____

**Fasten mit den Ohren:**
_____
_____

**Fasten mit dem Herzen:**
_____
_____

**Fasten mit dem Mund:**
_____
_____

**Fasten mit den Händen:**
_____
_____
_____

**Fasten mit den Füßen:**
_____
_____

## 4.7 Die Karwoche

### Kompetenz
Die Sch spüren durch Symbole dem Gehalt der Tage der Karwoche nach.

### Vorbereitung
L besorgt Gegenstände und Symbole für die Karwoche:
- Augenbinden
- Krone
- Palmzweige
- Brot
- Kelch
- Schüssel mit Wasser
- Dornenkrone
- Nägel
- Hammer
- Kreuz
- weißes Tuch
- größerer Stein
- farbige Tücher: rot (Palmsonntag und Karfreitag), weiß (Gründonnerstag), violett (Karsamstag)
- Teelichter und Blumen zum Schmücken

### Motivation/Begegnung
- Die Gegenstände und Symbole der Karwoche liegen verborgen unter einem großen Tuch in der Mitte eines Stuhlkreises.
- L: „Ich lade euch zu einem Spiel ein. Es hat etwas mit der Zeit zu tun, auf die wir uns jetzt im Jahreslauf zubewegen."
- L: „Ich verbinde einzelnen von euch die Augen. Beschreibt und erratet dann die Gegenstände, die ich euch in die Hand gebe."
- Wenn alle Gegenstände beschrieben sind: L: „Auf was weisen die Gegenstände hin, wofür könnten sie Symbole sein?"
- Sch finden das Thema.
- L: „Die Karwoche umfasst die Woche unmittelbar vor Ostern. Das Wort ‚Kar' bedeutet Kummer, Wehklage oder Trauer."

### Erarbeitung
- L legt vier Wortkarten zu den Gegenständen in die Mitte: Palmsonntag, Gründonnerstag, Karfreitag und Ostersonntag (**B1**).
- Im LSG werden die Begriffe geklärt.
- L: „Mit Palmsonntag beginnt die Karwoche. An diesem Tag wird an den Einzug Jesu in Jerusalem erinnert. Der Esel ist das Reittier der Armen. Jesu Einzug begleiteten ‚Hosanna-Rufe'. Die Israeliten sangen einen Psalm, wenn sie mit Palmzweigen in den Händen zum Tempel hinaufzogen. Während Jesus in Jerusalem einzog und von vielen umjubelt wurde, hatte sich schon längst Böses zusammengebraut."
- Sch lesen Infotexte zu Gründonnerstag, Karfreitag und Karsamstag und erarbeiten in arbeitsteiliger PA die wichtigsten Inhalte (**B2–4**).
- Sch ordnen die Gegenstände in der Mitte den vier Tagen zu.

### Vertiefung
- L legt die farbigen Tücher bereit. Die Farben werden den vier Tagen zugeordnet.
- Die Sch stellen die Symbole und Gegenstände der Karwoche auf den entsprechenden farbigen Tüchern aus und schmücken sie mit Blumen und Teelichtern (arbeitsteilige PA/GA).
- L: „Erzählt, wie die Karwoche (Palmsonntag, Gründonnerstag, Karfreitag und Karsamstag) in eurer Kirchengemeinde gefeiert wird!"

### Transfer
- L: „Die Karwoche ist eine Vorbereitungszeit für Ostern. Sammelt Ideen, wie ihr die Karwoche (verzichtend, bastelnd, backend, helfend usw.) gestalten könnt!"

### Sicherung/Hausaufgabe
- Sch bearbeiten AB.

## B1

| Palmsonntag | Gründonnerstag |

| Karfreitag | Karsamstag | Ostern |

## B2

### Gründonnerstag

Das „Grün" hat mit der Farbe Grün nichts zu tun, sondern bedeutet „greinen" (weinen). Nach dem üblichen Tischsegen über Brot und Wein sagt Jesus: „Das ist mein Leib – das ist der neue Bund." Jesus weiß, dass er bald sterben muss. Er trägt den Jüngern auf, in Zukunft dieses Mahl wieder zu feiern.

### Die Fußwaschung

Das Johannesevangelium berichtet, dass Jesus seinen Jüngern die Füße wäscht. Sie empören sich über diese Fußwaschung, weil sie als Sklavendienst gilt. Zur Zeit Jesu war es die Arbeit der Sklaven und Diener, ihren Herren und deren Gästen die schmutzigen Füße zu waschen. Jesus sagt: „Ich habe euch ein Beispiel gegeben." Jesus will nicht herrschen, sondern dienen.

### Entblößung des Hauptaltars

Nach der Abendmahlsmesse wird das eucharistische Brot in einer Nebenkapelle oder auf einem Seitenaltar aufbewahrt. Anschließend wird der Hauptaltar entblößt: Kerzen, Altartücher und jede Art von Schmuck wird abgeräumt. Das erinnert an die Entblößung Jesu, an seine Ohnmacht und sein Ausgeliefertsein. Bis zur Osternacht findet keine Eucharistiefeier mehr statt. In einer Anbetungsstunde, oft „Ölbergstunde" genannt, gedenkt man der Geschehnisse jener Nacht, in der Jesus an seine Feinde ausgeliefert wurde: an die Todesangst Jesu im Garten Getsemani, den Verrat durch Judas, die Gefangennahme Jesu und die Verleugnung des Petrus.

## B3

### Karfreitag

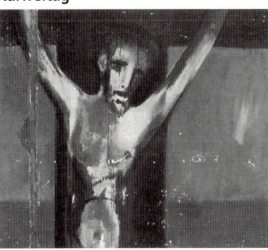

Der Karfreitag ist der Freitag in der Karwoche. Christen gedenken am Karfreitag des Leidens und Sterbens Jesu. Neben dem Ostersonntag ist der Karfreitag der höchste Festtag der Christenheit.

### Die neunte Stunde

Der Überlieferung nach starb Jesus am 15. des Nisan (Monat des jüdischen Kalenders) mittags um die neunte Stunde, nach unserer Uhrzeit nachmittags um drei Uhr, am Kreuz auf dem Kalvarienberg bei Jerusalem.

### Fasttag

Die Kreuzigung galt im Römischen Reich als die qualvollste und schmählichste Hinrichtungsart. Meist wurden dem zum Tod Verurteilten Nägel durch die Handwurzeln – zwischen Elle und Speiche – getrieben. Das Gewicht des Körpers schnitt die Atemwege ab, weshalb der Tod durch Ersticken rasch eintreten konnte. Zur Verlängerung der Qualen wurden Fußstützen oder Sitzpflöcke angebracht. Unter Umständen trat der Tod erst nach einigen Tagen ein.

### Karfreitagsgottesdienst

Im Gedenken an den Tod Jesu findet an diesem Tag keine Eucharistiefeier statt, die ja ein Zeichen für die Auferstehung ist, sondern ein besonderer Karfreitagsgottesdienst. Er beginnt um 15.00 Uhr mit einer Schweigeminute und einem Gebet in Stille. Der Gottesdienst ist von Trauer geprägt und von der Verehrung des Kreuzes. Das Kreuz als Zeichen des gewaltsamen Todes ist zugleich Zeichen des Heils. Durch das Kreuz kam Erlösung, nach dem Karfreitag (und dem folgenden Karsamstag) kommt der Ostersonntag. Der Karfreitag wird mindestens seit dem zweiten Jahrhundert gefeiert. Bis heute gilt er in der katholischen Kirche als Fasttag.

## Karsamstag

Der Karsamstag ist der Tag der Grabesruhe Christi. Nachdem Jesus am Karfreitag vom Kreuz abgenommen und im leeren Grab des Josef von Arimathäa bestattet wurde, herrschen Trauer und Verzweiflung bei seinen Jüngerinnen und Jüngern. Die Altäre der Gotteshäuser sind von allem Schmuck leer geräumt, und der Tabernakel, in dem sonst die Kommunion aufbewahrt wird, steht offen. In den Klöstern singen die Nonnen und Mönche die sogenannten Trauermetten. Darin beklagen sie mit den Worten des alttestamentlichen Propheten Jeremia, dass Gott sein Volk verlassen hat.

### „Hinabgestiegen in das Reich des Todes"

Bei uns ist dieser Satz aus dem Glaubensbekenntnis fast in Vergessenheit geraten. Die Betonung in den Kirchen des Westens liegt nämlich auf der Auferstehung Christi am Ostermorgen. Die Ostkirchen aber feiern am Karsamstag den Abstieg Jesu in das Reich des Todes als das zentrale Ereignis vor Ostern. Jesus durchwandert das Totenreich und holt die Verstorbenen in sein neues Reich des Lebens. Der Tod Jesu bedeutet den „Tod des Todes". Ostern heißt: Die Macht des Todes ist endgültig besiegt.

### Heiliges Grab

Einer der bekanntesten Bräuche ist das Aufstellen des heiligen Grabes in vielen katholischen Kirchen. Dort können die Gläubigen bei einer Nachbildung des Grabes Jesu verweilen. Die historischen Wurzeln dieses Brauches gehen bis in die Kreuzfahrerzeit zurück. Damals entstanden in Europa Nachbildungen des heiligen Grabes in Jerusalem.

## Die Karwoche

Die Karwoche beginnt mit dem _____. An diesem Tag wird der Einzug Christi in _____ gefeiert. Er reitet auf einem _____ in die Stadt und wird von der Bevölkerung mit _____ als Zeichen der Huldigung empfangen. Die Silbe „Kar" bedeutet _____.
Die anderen Tage der Karwoche sind gekennzeichnet vom _____ Christi. Beim _____ kündet Jesus seinen nahen Tod an. Das Wort „Grün" bei Gründonnerstag hängt mit dem Wort _____ zusammen. Am Gründonnerstag findet beim Abendmahl die _____ statt. Am _____ stirbt Christus am Kreuz, der Tradition nach um _____. Als Erinnerung daran läuten bei uns an jedem Freitag um diese Zeit die _____. Der Leidensweg Christi wird in Form von 14 _____ nachvollzogen. Das Fest der _____ Christi wird schließlich dann am Ostersonntag gefeiert. Es ist ein Fest der _____.

Auferstehung – Esel – Freude – Fußwaschung – Glocken – Jerusalem – Karfreitag – Kreuzwegstationen – Leiden und Sterben – letzten Abendmahl – Palmsonntag – Palmzweigen – Wehklage, Trauer – drei Uhr Nachmittag – weinen

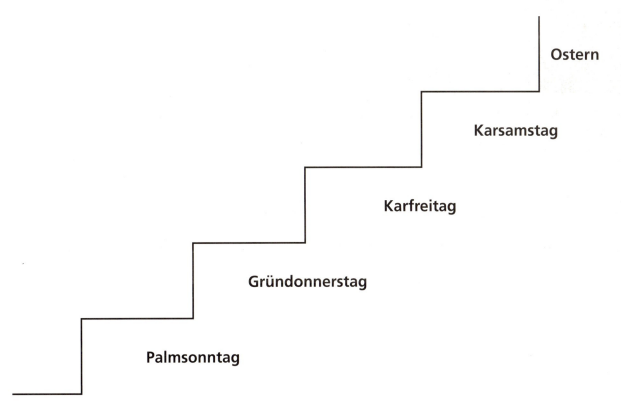

 Zeichne auf die Treppenstufen Symbole für die Tage der Karwoche.

## 4.8 Die Feier der Osternacht

### Kompetenz

Die Sch lernen wichtige Elemente der Feier der Osternacht kennen und erspüren den besonderen Charakter dieser Feier.

### Vorbereitung

L besorgt Gegenstände der Osternacht.
- Kerze
- Symbole der Osterkerze aus Wachs (Kreuz, Alpha und Omega, „Wachsnägel", Jahreszahl)
- Ästchen/Streichhölzer
- Metallteller
- kleine Kerzen/Teelichter für die Sch
- Altes und Neues Testament/ Bilderbibel
- Kessel mit Wasser
- Taufkleid/Taufurkunde

### Motivation/Themenfindung

- Sch sitzen im verdunkelten Klassen-/Meditationsraum im Kreis (auf dem Boden).
- L: „Zweimal im Jahr kommen die Menschen am späten Abend oder in der Nacht in die Kirche, und es brennt kein Licht." Mögliche Sch-Reaktion: An Weihnachten und an Ostern.
- L: „Heute geht es um Ostern. Da feiern die Menschen in der Kirche etwas ganz Besonderes."

### Begegnung

- L erzählt von der Osternacht (**B1**). Beim Erzählen werden Gegenstände/Symbole für die wesentlichen Elemente der Feier der Osternacht gezeigt und – nach Möglichkeit – in symbolischen Handlungen nachvollzogen:
  - Die Kerze wird als Osterkerze gestaltet: vorbereitete Wachsteile werden auf der Kerze befestigt.
  - Äste/Streichhölzer werden auf dem Metallteller entzündet, die Osterkerze wird daran angesteckt und die Kerzen/Teelichter für die Sch.
  - Altes und Neues Testament werden aufgeschlagen. Zwei kurze Abschnitte werden von L/Sch vorgelesen oder eine Bilderbibel wird herumgereicht.
  - Taufkleid oder Taufurkunde wird gezeigt.
  - Sch singen/tanzen „Wir preisen deinen Tod" (**B2**).
- Sch schildern eigene Osternacht-Erlebnisse und gehen anschließend zurück auf ihren Platz.

### Erarbeitung

- L verteilt Infotexte zur Osternacht (**B3**).
- Sch lesen und unterstreichen wichtige Passagen in arbeitsteiliger EA/PA. Anschließend stellen sie ihre Ergebnisse in der Klasse vor.
- Auswertung (TA):
  - Die Osterkerze wird vorbereitet.
  - Das Osterfeuer wird entzündet.
  - Die Osterkerze wird am Osterfeuer entzündet.
  - Der Priester singt „Christus, das Licht".
  - Die Kerzen der Menschen in der Kirche werden an der Osterkerze entzündet.
  - Der Priester singt den österlichen Lobgesang, das „Exsultet".
  - Das Taufwasser wird geweiht und die Osterkerze eingetaucht.
  - Manchmal wird ein Baby getauft.
  - Alle erneuern ihr Taufversprechen.

### Transfer

- L: „Von der Osternacht bringen Menschen oft kleine Osterkerzen mit nach Hause. Überlegt, was das bedeutet und was diese Menschen sonst noch (in ihrem Innern) von der Osternacht mitbringen können!"

### Sicherung/Vertiefung/Hausaufgabe

- Sch gestalten AB.

# Die Osterfeier – Erzählvorlage

B1

Julia ist seit Kurzem Ministrantin. Die Feier der Osternacht hat sie beeindruckt. Sie erzählt: „Es war Ostersonntag, vier Uhr früh. Viele Leute waren bereits schweigend in die Kirche gekommen. Diese war ganz finster. Wir Ministranten waren im Hof um das Osterfeuer versammelt. Der Pfarrer weihte die Osterkerze. Es waren fünf Weihrauchkörner in die große Kerze gesteckt. Sie sollen uns an die Wundmale Christi erinnern. Die Osterkerze ist ein Sinnbild für den auferstandenen Jesus. Am Osterfeuer wurde die Kerze entzündet.

Dann wurde sie in die dunkle Kirche getragen. Wir zogen alle mit. Der Priester sang: ‚Christus, das Licht'. Alle Leute antworteten: ‚Dank sei Gott'. An der großen Osterkerze entzündeten alle ihre Kerzen. Das hat mir sehr gefallen. Es wurde ganz hell in der Kirche. Der Priester sang dann, als wir zum Altar vorgingen, das *Exsultet,* den großen österlichen Lobgesang.

Dann begann der Wortgottesdienst. Es wurden wichtige Texte aus dem Alten Testament und Neuen Testament vorgelesen. Zuerst die Schöpfungsgeschichte, dann die Rettungsgeschichte aus der Sklaverei in Ägypten. Die neutestamentlichen Texte erzählen von der Auferstehung Christi, wie sie die Jünger erfahren durften.

Nach den Lesungen brachten wir einen großen Kessel in die Nähe der Osterkerze. Der Kessel war mit Wasser gefüllt. Der Priester sprach ein Gebet und weihte das Wasser zum Taufwasser. Beim Gebet nahm er die Osterkerze und tauchte sie in das Wasser.

Im Anschluss daran wurde ein Baby getauft. Familie Müller saß mit dem Baby in der ersten Bank. Ich durfte dem Priester bei der Taufe behilflich sein. Früher waren immer an Ostern die Christen in die Kirche aufgenommen worden. Ich finde, es war ein schönes Zeichen, dass in der Osternacht ein Kind getauft wurde. Nach der Taufe des Babys, das laut geschrien hat, erneuerten alle ihr Taufversprechen.

Jetzt folgte die Eucharistiefeier, die besonders feierlich gestaltet wurde."

## 68 Wir preisen deinen Tod — Kanon

Originaltitel: „Tu as connu la mort"
Text: Christine Gaud, Musik: Michel Wackenheim
deutscher Text: Diethard Zils
© (deutscher Text) tvd-Verlag Düsseldorf
© (Musik) Groupe Fleurus-Mame, Paris

### Tanzbeschreibung

B2

*Ausgangsstellung:* Tanzkreis zur Mitte gewandt, ohne Handfassung; auf Innen-/Außenkreis durchgezählt.

*Wir preisen deinen Tod:* 2 Schritte zur Mitte re/li; Arme bewegen aus der Grundstellung in die Oranten-V-Haltung.

*Wir glauben, dass du lebst:* tiefe Verneigung oder Kniebeuge, jeder in der ihm entsprechenden Form.

*Wir hoffen, dass du kommst:* 2 Schritte zurück re/li; Handflächen wie einen „Springbrunnen", von der Brustmitte nach oben sich öffnend in die Krone.

*Zum Heil der Welt:* Innenkreis 4 Schritte re/li/re/li mit ganzer Drehung in Tanzrichtung; Außenkreis 4 Schritte re/li/re/li in Gegentanzrichtung. Dabei berühren sich die Handflächen in Orante-Haltung.

2. Teil des Kanons „Komm, o Herr ... Leben der Welt" mit den gleichen Bewegungsformen.

# Osternacht – Infotexte

## Was der Name „Ostern" bedeutet

Der Name „Ostern" geht vermutlich auf einen Übersetzungsfehler zurück. Auf Latein hieß Ostern früher „albae", was „Tag der weißen Gewänder der Getauften" bedeutete. Weil man aber meinte, dass „albae" die Mehrzahl von alba (Morgenröte) ist, übersetzte man das Wort mit „Ostern", was „Morgenröte" auf Althochdeutsch bedeutet.

## Der Streit um den Ostertermin

Nach langem Streit entschied das Konzil von Nizäa (325), dass Ostern am Sonntag nach dem ersten Frühlingsvollmond zu begehen ist. Damit liegt der Termin zwischen dem 22. März und dem 25. April. Seit dem 16. Jahrhundert folgen orthodoxe und westliche Kirchen unterschiedlichen Kalendern: die russisch-orthodoxe dem auf Julius Caesar zurückgehenden julianischen Kalender, katholische und evangelische Kirche dem 1582 von Papst Gregor XIII. reformierten gregorianischen Kalender.

## Wann wird die Osternacht gefeiert?

Die Feier der Osternacht ist der Höhepunkt der Liturgie im kirchlichen Jahr. Aber nicht immer feierte man die Auferstehung Jesu in der Osternacht. Seit dem 8. Jahrhundert verschob sich die Auferstehungsfeier immer weiter vor und wurde schließlich im 16. Jahrhundert auf den Karsamstagmorgen festgelegt. Erst seit 1951 ist die Feier der Auferstehung nach Einbruch der Dunkelheit wieder erlaubt. Die meisten Gottesdienste beginnen am Karsamstag zwischen 20 und 22 Uhr. In manchen Gemeinden ist man aber auch dazu übergegangen, die Feier am frühen Sonntagmorgen, kurz vor Sonnenaufgang, anzusetzen.

## Wie die Osternacht gefeiert wird

Die Lichtfeier ist der erste Teil der Osterliturgie. Vor der Kirche wird ein Holzfeuer entfacht, ein Ritus fränkischen Ursprungs. Damit sollten heidnische Frühlingsfeuer durch den christlichen Kult verdrängt werden. Die Osterkerze scheint in den antiken Mysterienkulten ihren Ursprung zu haben. Bevor die Kerze brennt, zeichnet der Priester darauf ein Kreuz. An den Enden und im Schnittpunkt der Kreuzarme fügt er fünf Weihrauchkörner ein – als Zeichen für die fünf Wundmale des gekreuzigten Christus. Die Kerze wird nun am Feuer entzündet und in einer Prozession in die dunkle Kirche getragen. Dabei singt der Priester dreimal „Lumen Christi" – „Christus, das Licht". Die Gläubigen entzünden ihre mitgebrachten Kerzen an der Osterkerze. Danach folgt das „Exsultet", der älteste Lobgesang auf die christliche Osternacht.

## Während der Osternacht: der Bibel-Marathon

Im Wortgottesdienst werden bis zu neun Texte aus der Bibel vorgetragen. Die Lesung vom Durchzug durch das Rote Meer darf dabei niemals fehlen. Die Erinnerung an den Durchmarsch der Israeliten, denen die Truppen des ägyptischen Pharao gefolgt waren, ist nämlich bis heute Inhalt der jüdischen Osterfeiern des Paschas. In der christlichen Deutung wurde der Durchzug durch das Rote Meer außerdem als Bild für die Taufe verstanden.

## Die Glocken „kehren aus Rom zurück"

Nach den alttestamentlichen Lesungen erklingt wieder das Gloria, das während der ganzen Fastenzeit nicht gesungen wurde. Auch die Orgel ertönt wieder und es läuten alle Glocken. Nach dem Volksmund sollen sie ja am Gründonnerstag „nach Rom geflogen" sein.

## Taufe in der Osternacht

Ursprünglich war die Osternacht der einzige Tauftermin in der Kirche. Die Taufbewerber, die sogenannten „Katechumenen", hatten sich über lange Zeit darauf vorzubereiten. In der auf die Taufe folgenden Woche trugen sie ihre weißen Taufkleider. Deshalb heißt der Sonntag nach Ostern bis heute „Weißer Sonntag". Mit der Einführung der Kindertaufe änderte sich diese Praxis. Die Christen feiern in dieser Nacht nur noch die sogenannte Erneuerung ihres Taufversprechens. Inzwischen werden auch wieder Kinder oder gar Erwachsene in der Osternacht getauft.

4 Feste und Feiern – Das Kirchenjahr

# Die Feier der Osternacht

Vor der Feier wird die Osterkerze vorbereitet. Wenn es noch dunkel ist, wird das Osterfeuer vor der Kirche entfacht und die Osterkerze am Osterfeuer entzündet. Der Priester singt „Christus, das Licht". Beim Gang in die Kirche entzünden die Menschen ihre Kerzen an der Osterkerze. Der Priester singt den österlichen Lobgesang, das „Exsultet". Nun beginnt die Tauffeier. Das Taufwasser wird geweiht und die Osterkerze hineingetaucht. Manchmal wird ein Baby getauft. Alle erneuern ihr Taufversprechen und feiern die Eucharistiefeier.

 Zeichne auf weißem oder farbigem Papier alles, was zur Feier der Osternacht gehört. Schneide die Zeichnungen aus, und klebe sie auf die schwarze Fläche.

## 4.9 Pfingsten

### Kompetenz

Die Sch lernen die Symbole des Pfingstfestes kennen und erforschen ihre Bedeutung.

### Motivation/Themenfindung

- L legt Folie des Bildes von Th. Zacharias „Jesus sendet den Heiligen Geist" (**B1a**) auf. Eine farbige Folie des Bildes liegt vor in der Folienmappe EL 8. Sch betrachten das Bild.
- Sch machen Vorschläge zum Titel des Bildes, die an der Tafel notiert werden.

### Begegnung

- L: „Zu diesem Bild möchte ich euch eine Geschichte aus der Bibel erzählen." L liest/erzählt Apg 2,1–13.
- Sch entdecken auf dem Bild die Personen und Gegenstände der Geschichte. Erwartungen: Haus, Sturm, Zungen wie von Feuer, Jünger, Menschen aus vielen Völkern, Petrus.
- Sch entdecken anschließend wichtige Momente der Geschichte in dem Bild. Erwartungen: Herabkunft des Hl. Geistes, Rede des Petrus, Erstaunen der Zuhörer.

### Erarbeitung

- L verteilt Infotexte zu Pfingsten arbeitsteilig an die Sch (**B2**).
- Sch lesen, unterstreichen und berichten.

### Transfer

- L legt Folie des Bildes „Pfingsten" von Th. Zacharias auf (**B1b**), vgl. Folienmappe EL 8.
- L: „Schaut genau hin und entdeckt, was auf dem Bild dargestellt ist."
- Wenn die Sch die Profile der Personen nicht entdecken, wird eine Schablone auf eines der Gesichter gelegt. Diese Schablone kann verschoben werden, da alle Profile in etwa gleich groß sind.
- L: „Es wäre natürlich interessant zu erfahren, was die zwölf Köpfe wohl verkünden wollen. Leider hat der Maler das nicht gemalt. Ergänzt die angefangenen Sprechblasen zu richtigen Sprechblasen, und füllt sie mit Botschaften der Christen an die Welt von heute."

### Vertiefung (drei Alternativen)

- L leitet Sch an zu einer pfingstlichen „Sturmübung" (**B3**).

oder

- L leitet Sch an zu einer Verklanglichung des Pfingstereignisses (**B4**).

oder

- Sch gestalten in PA/GA eine „Festlandschaft": Ostern – Christi Himmelfahrt – Pfingsten.

---

**B3**

### Pfingstliche Sturmübung – Anleitung

L nennt jeweils die Windstärke – „Windstärke 0!" usw. – und „spielt" dabei die entsprechende Bewegung und die Geräusche vor. Die Sch machen mit und setzen Bewegungen und Geräusche um. Von Windstärke zu Windstärke wird es bewegter und lauter. Auf ein Zeichen des L am Schluss wird es total still.

| Windstärken/Bewegungen und Geräusche | | | |
|---|---|---|---|
| 0 | Stille – hängende Köpfe und Arme | 6 | Klatschen in die Hände |
| 1 | Reiben an den Stuhlbeinen | 7 | lautes „AA" |
| 2 | Reiben an der Kleidung | 8 | hohes „OO" |
| 3 | mittleres „SCH" | 9 | Stampfen mit den Füßen |
| 4 | mittleres „MM" | 10 | plötzliches Verstummen |
| 5 | mittleres Klopfen an den Stuhlbeinen | | |

*Thomas Zacharias, Jesus sendet den Heiligen Geist, Linolschnitt, 1963*

*Thomas Zacharias, Pfingsten, Radierung, 1992*

## Pfingsten

### Heiliger Geist macht Menschen mutig

Es kam ein Brausen vom Himmel, wie wenn ein Sturm daherfährt, und es erschienen Feuerflammen. Mit diesen Bildern beschreibt die Apostelgeschichte die Ausgießung des Heiligen Geistes auf die Apostel (Apg 2,1–13). Dieses Pfingstereignis machte aus den verängstigten Jüngern und Jüngerinnen mutige Verkünder des christlichen Glaubens. Während sie zuvor um ihr Leben bangten und sich hinter verschlossenen Türen versteckten, traten sie zu Pfingsten mutig in der Öffentlichkeit auf, um Jesus als den Messias zu verkündigen.

### Symbol Feuer

In der Pfingsterzählung wird von Feuerzungen berichtet: Auf jeden der Apostel lässt sich eine nieder. Die Erfahrung, innerlich darauf zu „brennen", das Evangelium zu verkünden, hat wohl zu diesem Bild für den Heiligen Geist geführt (Apg 2,3).

### Symbol Wind

Der Wind, der weht, wo er will, ist ebenfalls ein Bild für den Heiligen Geist. Der Heilige Geist ist manchmal wie ein Sturm und manchmal wie ein sanftes Säuseln, das man beinahe schon überhört. Der Prophet Elija macht die Erfahrung, dass er nicht im lauten Sturm, nicht im Erdbeben oder im Feuer, sondern in einem ganz leisen Säuseln die Stimme Gottes vernimmt (1 Kön 19,4–18).

### Feierlicher Abschluss der Osterzeit

Das Pfingstfest wird 50 Tage nach Ostern gefeiert und ist zugleich das Ende der Osterzeit. Das Wort Pfingsten geht zurück auf das griechische Wort „Pentecoste" und bedeutet 50-tägige Festzeit. Im Judentum war das Pfingstfest ursprünglich ein Erntefest. Später wurde es ein Wallfahrtsfest: Man gedachte des Bundesschlusses am Berg Sinai, wo Israel die Zehn Gebote Gottes empfing, und pilgerte in die heilige Stadt Jerusalem zum Tempel.

# Das Pfingstereignis Apg 2,1–4 – Verklanglichung

B4

| | |
|---|---|
| Als der **Pfingsttag** gekommen war, | Pfingsten ist ein Wallfahrtsfest. Viele verschiedene Leute kommen nach Jerusalem: Die Instrumente ahmen verschiedene Laufarten nach: ganz schnell, schnell, langsam, ganz langsam. |
| befanden sich **alle** am gleichen Ort. | In Form einer Welle spielen die Instrumente nacheinander einen kurzen Ton. Auf schnelles Weitergeben ist zu achten. Auf ein Zeichen des Spielleiters spielen alle Instrumente gleichzeitig einen einzigen, ganz kurzen Ton. |
| Da erhob sich plötzlich vom **Himmel** her | Triangel oder Glockenspiel spielen einige hohe Töne. |
| ein **Brausen**, wie wenn ein heftiger Sturm daherfährt. Er erfüllte das ganze Haus, in dem sie weilten. | Alle Instrumente spielen frei auf, und zwar von ganz leise bis zu möglichst laut. Der Spielleiter zeigt mit seiner Hand die Steigerung. Auf sein Zeichen hin folgt nach dem Brausen plötzlich eine tiefe Stille. |
| Und es erschienen ihnen **Zungen wie von Feuer**, | Instrumente ahmen Feuer nach. |
| die sich **verteilten**, und der Heilige Geist ließ sich auf jedem von ihnen nieder. | Ein Instrument geht in die Mitte und spielt einen einfachen Rhythmus. Wer vom Spieler angeschaut wird, spielt mit seinem Instrument diesen Rhythmus nach. Alle kommen nacheinander dran. |
| Alle wurden mit Heiligem Geist **erfüllt** | Tonleitern werden rauf und runter gespielt. |
| und begannen in **anderen Sprachen** zu reden, wie der Geist es ihnen eingab. | Jedes Instrument spielt einen kurzen Rhythmus, der von den anderen eine Zeit lang nachgeahmt wird. Jeder darf einen neuen Rhythmus einbringen. Der Spielleiter zeigt den Wechsel an. |

# „Festlandschaft": Ostern – Christi Himmelfahrt – Pfingsten

| leeres Grab | Taube | **OSTERN** | Feuer | Jesus lebt! |
|---|---|---|---|---|
| Heiliger Geist | Dieses Fest steht am Ende der Osterzeit. | Brausen | Dieses Fest gibt uns Hoffnung. | Halleluja! |
| Feuerzungen | Gott gibt den Jüngern Kraft. | 40 Tage nach Ostern | Staunen | Jesus erscheint seinen Jüngern. |
| Ältestes Fest der Christen | Emmausjünger | Dieses Fest wird oft von Flurprozessionen begleitet. | Ist keine wirkliche Fahrt in den Himmel. | **PFINGSTEN** |
| Engel | Taufe | Kerze | Begeisterung | Sturm |
| Fest der Auferstehung | Geburtstag der Kirche | Ende der Fastenzeit | 50 Tage nach Ostern | Wichtigstes Fest der Christen |
| Jesus verabschiedet sich von den Jüngern. | **CHRISTI HIMMELFAHRT** | Das Wort geht zurück auf das griechische Wort „Pentecoste". | Ostern bedeutet „Morgenröte" auf Althochdeutsch. | Himmel = Zeichen dafür, dass Jesus auf eine andere Weise da ist. |
| Gott gibt Mut. | Die gute Botschaft von Jesus weitererzählen | Jesus ist nicht fort! | Ab jetzt breitet sich die Botschaft von Jesus überall aus. | Das Fest wird in der Nacht oder bei Tagesanbruch gefeiert. |

Durch Gestaltung einer „Festlandschaft" kannst du die Zusammenhänge, Gemeinsamkeiten und Unterschiede zwischen den drei Festen Ostern, Christi Himmelfahrt und Pfingsten erkennen.
1. Zerschneide die vielen Kästchen!
2. Suche die drei Feste „Ostern", „Christi Himmelfahrt" und „Pfingsten" heraus, und ordne die übrigen Kästchen den drei Festen zu, sodass du drei Gruppen bekommst!
3. Klebe alle Kästchen zu einer „Festlandschaft" auf ein größeres Blatt, und gestalte die Festlandschaft farbig! Setze die Kästchen in kleine Skizzen oder Zeichnungen um.

## 5.1 Not bei uns und anderswo

### Kompetenz
Die Sch unterscheiden Beispiele von Notsituationen nach örtlicher Nähe und Ferne und fühlen sich in sie ein.

### Motivation
- L blendet Foto als Folie (**B1**) ein.

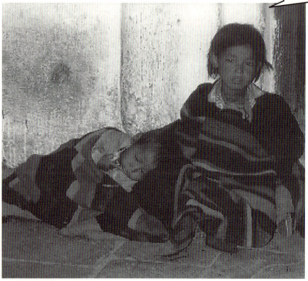

Sch beschreiben das Bild und stellen Vermutungen an.

### Begegnung
- L: „Das Foto zeigt zwei bolivianische Kinder. Frank Weber, ein deutscher Entwicklungshelfer, hat viele Jahre versucht, solchen Kindern zu helfen. Er erzählt …"
  L trägt die Geschichte (**B2**) vor.
- L: „Was geht in dir vor, wenn du diese Geschichte hörst?"

### Erarbeitung
- L: „Kinder in der Dritten Welt müssen viel erleiden. Sammelt Beispiele!" (PA)
- L hält Beispiele auf Wortkarten fest und hängt diese an TA.

### Vertiefung
- L blendet Martin Honerts Installation „Foto" als Folie (**B3**) ein.

Sch beschreiben die Installation. (Vgl. **B4**)
- L Stellt einen Stuhl hinter einen Tisch und lässt einzelne Schüler sich in der gleichen Haltung auf den Stuhl setzen.
- L: „Wie fühlst du dich?"
- L: „Wie fühlt sich der Junge auf dem Bild?" (Erwartungen: Dem Jungen geht es nicht gut, er fühlt sich einsam.)
- L: „Überlegt, woran Kinder in eurem Alter leiden können!"
- L notiert Beispiele auf Wortkarten und hängt diese an TA.

### Umsetzung
- L legt Wortkarten „Not bei uns" und „Not anderswo" in einigem Abstand voneinander auf den Boden (vgl. **B5**).
- L: „Nehmt die Wortkarten von der TA, und ordnet sie am Boden nach Nähe und Ferne!"
- L: „Stellt euch einzeln auf eine Wortkarte, und erzählt von dieser Not!"

### Sicherung/Hausaufgabe
- Sch bearbeiten AB.
- L: „In Notlagen denken Menschen oft an Gott. Schreibe ein Gebet, das du in einer Notlage beten könntest!"

**B5**

| Not bei uns | Not anderswo |
|---|---|
| | |

## Arme Kinder – Eine Geschichte von Frank Weber

... Heute legte sich einer von den Kleinen zu mir und war ganz still. Zuerst dachte ich, er ist wieder eingeschlafen, was auch kein Wunder gewesen wäre, denn wegen der Kälte der Nacht bleiben die Kinder möglichst lange wach. Auf einmal setzte sich der Junge auf und fragte mich – ohne mich anzusehen: „Frieren Steine auch?"

Ich weiß nicht, ob Steine frieren, wenn es kalt ist. Ich weiß nicht, ob sie weinen, weil sie niemand liebt. Ich weiß nicht, ob sie traurig sind, wenn sie alleine sind. Ich weiß nur, dass sie gottgewollt sind, ebenso wie diese Kinder, die niemand liebt.

Die Kinder nennt man „los polillas". Das heißt übersetzt: die Motten. Das hat zwei Gründe: Zum einen sind die Kinder den Stadtbewohnern eine unangenehme Erscheinung und eine große Plage, eben wie Motten auch. Zum zweiten trägt der schlechte Zustand der Kleidung dieser Kinder dazu bei, sie so zu bezeichnen, denn ihre Kleidung ist zerrissen und hat große (wie von Motten eingefressene) Löcher.

Diese Namensbezeichnung macht auch deutlich, wie die Kinder hier von den Stadtbewohnern gesehen werden. Die Kinder werden ignoriert oder als „schlecht" bezeichnet. Auch werden sie beschuldigt, Drogen zu nehmen und zu stehlen. Oft werde ich von Passanten angesprochen und darauf hingewiesen, wie schlecht doch diese Kinder sind. Meine Antwort darauf lautet meist, dass „nicht die Kinder schlecht sind, sondern die Situation, in der sie leben müssen".

Eines ist sicher: Die „Polillas" sind Opfer sozialer Ungerechtigkeit und selbstgerechter Menschen, wie man es sich kaum vorstellen kann. Ja, einige der Kinder und Jugendlichen nehmen Drogen und sie stehlen. Sie konsumieren Drogen, um ihren Hunger zu stillen und gegen die Kälte der Nacht …, und sie stehlen Brot und Milch, weil sie Hunger haben und Durst. Nein! Diese Kinder sind nicht schlecht. Sie haben Hunger und Durst und suchen nach Möglichkeiten zu überleben …

*Frank Weber*

## Martin Honert: „Foto"

Ein zentrales Thema im Schaffen Martin Honerts sind Erinnerungen an die eigene Kindheit und Jugend, deren eindrückliche, im Gedächtnis bewahrte Bilder er zu sehr persönlichen, aber zugleich auch allgemeingültigen Symbolen verdichtet.

Die Installation zeigt einen Teil eines Raumes. Die Wände sind weiß und wirken kahl. Der Fußboden besteht aus Parkett. Im Mittelpunkt steht ein großer rechteckiger Tisch. Er ist bedeckt mit einer klein karierten Tischdecke, die aus Plastik zu sein scheint und an Ecken und Kanten herabhängt. Hinter dem Tisch befindet sich ein einzelner Stuhl.

Zwischen Tischkante und Stuhllehne tauchen die Schultern und der Kopf einer Person auf, deren Füße noch unter der Tischdecke hervorschauen. Ihre Statur erinnert an einen kleinen Jungen. Eine Gesichtshälfte liegt im Schatten. Dennoch lässt sich ein ernster Ausdruck in der Mimik erkennen.

# Not bei uns und anderswo

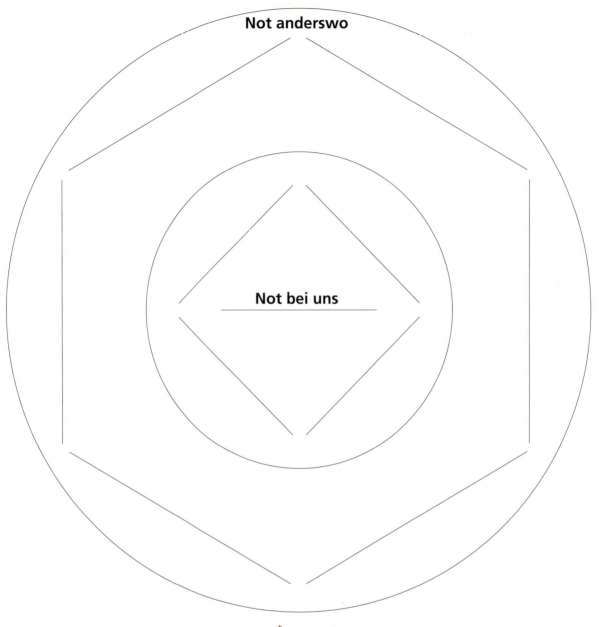

**So könnte ein Mensch in Not beten …**
_____
_____
_____
_____
_____
_____

1. Schreibe auf die Linien Notsituationen bei uns und anderswo! Achte dabei auf die Kreiseinteilung. Gestalte die Kreise farbig!
2. Schreibe ein Gebet, das du in einer Notlage beten könntest!

## 5.2 Jesus: Geh und handle ebenso!

### Kompetenz
Die Sch entnehmen dem Gleichnis vom barmherzigen Samariter Impulse, wie sie auf Not, die ihnen begegnet, reagieren können.

### Motivation
- L blendet Foto von einem kaputten Fahrrad (**B1**) als Folie ein.

**B1**

- L erzählt die Geschichte von Kevin (**B2**). Sch äußern sich dazu.

### Begegnung
- L: „Eine ähnliche Geschichte hat auch Jesus erzählt."
  L erzählt das Gleichnis vom barmherzigen Samariter (Lk 10,25–37) und legt dazu die Bilder von Beate Heinen als Folien (**B3**) auf.
- Ggf. L: „Ihr könnt die Geschichte bei Lk 10,25–37 nachlesen!"

### Erarbeitung
- L: „Findet zu den Bildern von Beate Heinen jeweils eine Bildunterschrift!"
- L notiert Vorschläge auf Folie (**B3**).

### Vertiefung
- Sch spielen die Szenen, die im 2. bis 4. Bild von Beate Heinen festgehalten sind, nach.

### Zwischensicherung
- L: „Tragt die Überschrift und eure Bildunterschriften auf dem AB ein!"

### Transfer
- L: „Lest die Strophen des Liedes ‚Jesus wohnt in unsrer Straße' (**B4**), und überlegt, worauf uns das Lied aufmerksam machen will."
- Sch singen Lied.

### Sicherung/Hausaufgabe
- Sch bearbeiten AB.

---

**B2**

### Kevin oder „Was alles passieren kann"

Kevin fährt morgens mit dem Fahrrad zur Schule. Jedes Mal hat seine Mutter Angst, dass ihm unterwegs etwas zustößt. So stellt sie sich in ihrer Angst manchmal vor, wie ihn ein LKW überholt. Kevin wird mit seinem Fahrrad so an den Randstein gedrängt, dass er stürzt. Jetzt liegt er verletzt mit blutenden Knien am Straßenrand.
Warum kommt keiner und hilft ihm?
Der Fahrer müsste doch sofort zu ihm gehen. Er hat doch gesehen, was passiert ist.
Einige Leute schauen nur neugierig hin, tun aber nichts.
Vielleicht trauen sie sich nicht, zu helfen, weil ihr Erste-Hilfe-Kurs schon sehr lange her ist …
Ein Autofahrer könnte ihn doch zu einem Arzt bringen. Oder hat er Angst vor Blutflecken im Auto?
Auch Schulkameraden von Kevin müssten doch vorbeikommen. Sie werden doch nicht weitergehen, weil sie Angst haben …

B3

116 5. Not hat viele Gesichter – bei uns und anderswo

# Jesus: Geh und handle ebenso!

Ich könnte _____ helfen, indem ich _____
_____

1. Trage die Überschrift des Gleichnisses und deine Bildunterschriften ein.
2. Überlege, wem du in deinem Umfeld helfen könntest.
3. Gestalte die Umrissbilder mit Farben eurer Wahl.

# Jesus wohnt in unserer Straße

Jesus wohnt in unsrer Straße,
ist 'ne kranke Frau.
Gestern bin ich ihr begegnet,
und ihr Haar war grau.
Und es zitterten die Hände,
und sie sah mich an und sprach:
Wer weiß denn schon,
wer weiß denn schon,
dass ich in dieser Straße wohn',
gleich um die Ecke nebenan?

Jesus wohnt in unsrer Straße,
ist ein Schlüsselkind.
Gestern bin ich ihm begegnet,
eiskalt pfiff der Wind.
Und es stand am Zaun und weinte,
und es sah mich an und sprach:
Wer weiß denn schon,
wer weiß denn schon,
dass ich in dieser Straße wohn',
gleich um die Ecke nebenan?

Jesus wohnt in unsrer Straße,
man hatte ihn gefasst.
Gestern bin ich ihm begegnet
nach zwei Jahren Knast.
Und da wurde er entlassen,
und er sah mich an und sprach:
Wer weiß denn schon,
wer weiß denn schon,
dass ich in dieser Straße wohn',
gleich um die Ecke nebenan?

Jesus wohnt in unsrer Straße,
wohnt da ganz am End,
Und er fragte: Du, wie kommt es,
dass mich keiner kennt?
Gestern bin ich ihm begegnet,
sah ihn an und sprach:
Wer weiß denn schon,
wer weiß denn schon,
dass du in dieser Straße wohnst,
gleich um die Ecke nebenan?

T: Rudolf Otto Wiemer
M: Ludger Edelkötter

## 5.3 Not in unserer Umgebung – z. B. Obdachlose

### Kompetenz
Die Sch können sich in die Situation eines Obdachlosen einfühlen und unausgesprochene Wünsche dieser Menschen formulieren.

### Vorbereitung
- L besorgt für alle Sch je einen Deckel einer Schuhschachtel.
- Für sich selbst evtl. einen Hut und einen Schal.

### Motivation
- L blendet Bild eines Obdachlosen beim Betteln (**B1**) ein.
- L sammelt Reaktionen der Sch ungeordnet an der Seitentafel.

### Einfühlungsübung
- L setzt sich mit dem Deckel einer Schuhschachtel auf den Boden (evtl. mit Hut und Schal).
- L trägt Einfühlungsübung in einen Obdachlosen (**B2**) vor.
  Während der Einfühlungsübung (vgl. **B2**) lädt L die Sch ein, sich einen Schuhschachteldeckel zu nehmen und sich auf den Boden zu setzen.

### Auswertung
- L bleibt je nach Situation mit den Sch am Boden sitzen oder alle gehen zurück an ihre Plätze.
- L: „Menschen denken über bettelnde Obdachlose sehr verschieden. Wenn sie einem Bettler begegnen, verhalten sie sich unterschiedlich.
- L: „Der Bettler wünscht sich nicht nur Geld ..." (PA/GA) (Erwartungen: „Denke nicht schlecht über mich!" – „Sag mir ein aufmunterndes Wort!" – „Lächle mich an!" – „Frag deine Mutter, ob du mir etwas geben kannst!")

### Umsetzung
- L legt Folie (**B1**) noch einmal auf.
  L: „Stellt euch vor, das Mädchen kommt mit dem Bettler ins Gespräch."
  L legt „Gespräch mit einem Obdachlosen" (**B3**) als Folie neben das Folienbild.
- Sch lesen die Fragen des Mädchens und ergänzen die Antworten des Obdachlosen. Die Sch können auch noch weitere Fragen stellen u. beantworten.

### Ausklang/Hausaufgabe
- Lied „Jesus wohnt in unserer Straße"
- L: „Formuliert eine neue Strophe über Obdachlose."

B1

### Einfühlungsübung in einen Obdachlosen

Was muss alles passiert sein, bis sich ein Mensch mitten in der Stadt auf den schmutzigen, kalten Boden setzt und bettelt? Ich sitze hier und versuche, mich in die Situation eines Bettlers hineinzuversetzen.

Wer von euch mitmachen will, nimmt sich bitte vorne auf dem Tisch jeweils einen Deckel einer Schuhschachtel. Es liegen genügend bereit. Wer nicht mitmacht, verhält sich bitte absolut still.

*(Die Schüler stehen auf, holen sich einen Deckel und suchen sich einen beliebigen Platz im Zimmer.)*

Wenn jeder einen Platz am Boden gefunden hat, können wir beginnen.

Ich sitze hier vor einem großen Geschäft. Viele Leute gehen an mir vorüber. Ich fühle mich traurig. Die Straßenbahn fährt vorbei. Einige Gesichter schauen auf mich herab. Was war das? Die erste Münze fällt in meine Schachtel. Ein Fünfzig-Cent-Stück.

Mir ist kalt, obwohl ich noch gar nicht lange hier sitze. Irgendwie riecht es auch nicht sonderlich gut. Die Straße ist schmutzig. Es gehen viele Menschen hier vorbei. Wenn ich den Kopf gerade halte, sehe ich nur die Beine der Menschen. Hosen, Strumpfhosen, Mäntel, Regenjacken und ganz viele verschiedene Schuhe. Immer wieder schaue ich mal hoch. Warum schaut mich kaum jemand an? Ein Mann sieht mich an, aber sehr vorwurfsvoll. Ich muss etwas Schlimmes gemacht haben. Warum grüßt mich keiner? Jetzt kommt eine junge Frau auf mich zu. Ihr Blick geht gleichgültig an mir vorbei. Wenigstens sammeln sich einige Münzen in meiner Schachtel. Oh, da landet eine 2-Euro-Münze. Schnell gucke ich hoch, um zu sehen, wer es so gut mit mir meint. Ich rufe der Frau ein leises „Danke" nach. Warum spricht mich niemand an? Die Vorübergehenden unterhalten sich angeregt miteinander, mit mir redet niemand.

### Gespräch mit einem Obdachlosen

Mädchen: „Was machen Sie eigentlich im Winter?"
Obdachloser: „Ich …"
Mädchen: „Wie könnte ich Ihnen helfen?"
Obdachloser: „Du …"
Mädchen: „Warum müssen Sie hier betteln?"
Obdachloser: „Ich …"
Mädchen: „Wie sieht Ihr Leben aus, wenn Sie nicht hier sitzen und betteln?"
Obdachloser: „Ich …"

## 5.4 Shoban will anders leben, aber …

### Kompetenz
Die Sch kennen Beispiele für die Not der Kinder in Indien und verstehen den Kreislauf der Kinderarmut.

### Vorbereitung
- Drei Sch bereiten das szenische Spiel „Tee, guter schwarzer Tee" (**B3**) vor.

### Motivation
- L legt Folienbild „Kind im Müll unter einer Decke" (**B1**) auf (vgl. Folienmappe zu EL5).
- Sch betrachten das Foto, beschreiben es und stellen Vermutungen an, was sich darunter verbergen könnte. (Erwartungen vgl. **B2**)
- L: „Darunter liegt also ein Kind. Es könnte Shoban sein. Um diesen geht es im folgenden szenischen Spiel."

### Begegnung
- Drei Sch tragen das szenische Spiel (**B3**) vor.
- Sch wiederholen.

### Erarbeitung
- L: „Überlegt, welche Probleme Shoban hat." (PA/GA) (Erwartung: Shoban kann nicht in die Schule gehen. Shoban muss Geld verdienen. Der geringe Lohn wird gekürzt. Die Entlassung wird ihm angedroht. Shoban hat Hunger und ist unterernährt. Ohne Ausbildung findet er keine gut bezahlte Arbeit.)
- L hält Ergebnisse auf Wortkarten (bzw. auf Folie) fest und hängt sie an TA (vgl. AB).
- L: „Überlegt, wie die Wortkarten zusammenhängen und ob wir sogar eine Reihenfolge erstellen können."
- Im UG entsteht ein Kreislauf an TA.

### Sicherung/Hausaufgabe
- L: „Füllt die Lücken auf eurem AB!"

**B1**

**B2**

### „Kind im Müll unter einer Decke" – Bildbeschreibung

Auf den ersten Blick sieht man eine alte, verschmutzte Decke auf einer Grasfläche. Bei der Decke könnte es sich um einen Teil einer Plane eines Lastkraftwagens handeln, sie zeigt mehrere Löcher. Um sie herum liegt wahllos verstreut Müll. Man erkennt einen verbeulten Becher, eine Banane, eine rote Gabel, den Verschluss einer Flasche, einen leeren Margarinebecher, verschiedene Plastiktüten und weiteren Abfall. Bei genauerem Hinsehen entdeckt man, dass zwei Kinderfüße mit blauen Turnschuhen unter der Decke vorschauen. Vermutlich liegt also ein Kind darunter.

## Tee, guter schwarzer Tee

### Szenisches Spiel (Mitwirkende: Erzähler, Teejunge Shoban, Herr, Chef)

**Erzähler:** Ich möchte dir heute von Shoban erzählen, er ist zwölf Jahre alt und lebt in einer großen Stadt in Indien. Shoban kann nicht in die Schule gehen, obwohl dies sein großer Traum ist. Er hat sein Dorf und seine Familie auf dem Land verlassen, um in der Stadt Arbeit zu suchen. Er muss Geld verdienen, um seine Familie zu unterstützen. Nach langem Suchen wird Shoban Teeverkäufer.

**Shoban:** Tee, guter schwarzer Tee. 1 Rupie das Glas.

**Herr:** Komm her, ich möchte zwei Gläser Tee.

**Shoban:** Das macht zwei Rupien, Herr.

**Herr:** Zwei Rupien. Du bist wohl verrückt. Hier hast du eine Rupie. Das ist mehr als genug.

**Shoban:** Aber mein Herr, ich muss das Geld doch abgeben.

**Herr:** Mach, dass du weiterkommst!

**Shoban:** Wie soll ich das meinem Chef erklären? Er wird wieder sehr wütend werden. Er wird sagen, ich hätte das Geld für mich behalten oder mir etwas zu essen dafür gekauft. Wenn er schlecht gelaunt ist, schlägt er mich wieder.

**Erzähler:** Shoban merkt nach einiger Zeit, wie müde und hungrig er ist. Morgens um sechs Uhr muss er bei seinem Chef sein, um mit dem Teeverkauf zu beginnen. Am Morgen gibt es meist nur eine Handvoll Reis, die er sich vom Vortag aufgehoben hat. Um zwölf Uhr treffen sich alle Teejungen am Teestand ihres Chefs. Dort gibt es dann Mittagessen: Reis und wässriges Linsengemüse. Dafür bekommen sie einen Teil ihres Lohnes abgezogen. Kurz vor zwölf kommt Shoban zu seinem Chef.

**Chef:** Und hast du heute alles verkauft?

**Shoban:** Ja, Herr, aber ...

**Chef:** Aber was? Zeig mir dein Geld! Das sind ja nur 23 Rupien. Du hast doch 24 Tees hier bei mir geholt. Hast du etwa wieder einen Tee selbst getrunken? Die Rupie, die fehlt, muss ich dir natürlich von deinem Lohn abziehen. Da bleibt ja nicht mehr viel übrig für dich.

**Erzähler:** Shoban wird betrogen. Der geringe Lohn wird gekürzt.

**Shoban:** Herr, aber ich kann doch nichts dafür.

**Chef:** Damit du lernst, dass ich jede Rupie haben möchte, fällt das Mittagessen heute für dich aus. Du kannst dich gleich wieder auf den Weg machen, damit du den Verlust wieder hereinholst. Und wenn du das nicht kapierst, werde ich dich entlassen.

**Erzähler:** Ja, die Entlassung wird ihm angedroht. Er dreht sich um und überlegt.

**Shoban:** Dann kann ich nur noch zum Steineklopfer gehen. Das ist die schlimmste Arbeit, die ich kenne.

**Erzähler:** Shoban geht traurig mit neu gefüllten Gläsern davon.

**Shoban:** Tee, guter schwarzer Tee. Eine Rupie das Glas.

**Erzähler:** Um sechs Uhr abends hört Shoban mit der Arbeit auf, er ist müde. Zwölf Stunden war er in der Stadt unterwegs gewesen. Shoban hat Hunger und ist unterernährt. Am Abend muss er sich einen Platz zum Schlafen suchen. Aber er ist nicht allein. Es gibt viele Kinder in seinem Alter, denen es genauso geht wie ihm. Sie können ihn gut verstehen, wenn er von seiner Arbeit erzählt. Beim Schlafen träumt Shoban oft von zu Hause, von seinen kleineren Geschwistern und seinen Eltern, denen er versprochen hat, Geld zu schicken. Und er träumt von der Schule.

**Shoban:** Ich möchte auch wie die schön angezogenen Kinder lesen und schreiben können, um einen guten Beruf zu erlernen.

**Erzähler:** Ohne Schule kann er keine Berufsausbildung machen. Und ohne Ausbildung findet er keine gut bezahlte Arbeit.

# Shoban will anders leben, aber …

Lückenwörter: Hunger; gekürzt; unterernährt; Entlassung; Ausbildung; die Schule; Arbeit; Geld verdienen

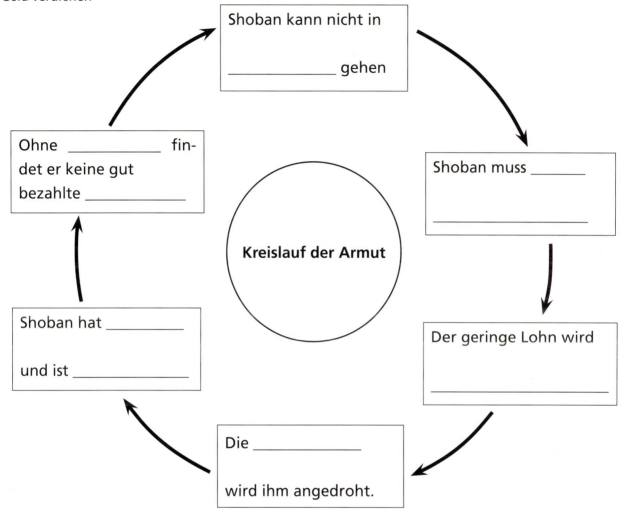

**Kreislauf der Armut**

- Shoban kann nicht in _____ gehen
- Shoban muss _____ _____
- Der geringe Lohn wird _____
- Die _____ wird ihm angedroht.
- Shoban hat _____ und ist _____
- Ohne _____ findet er keine gut bezahlte _____

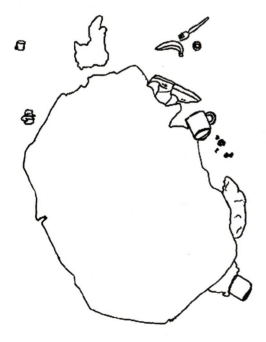

1. Fülle die Lücken (siehe oben) aus!
2. Zeichne auf dem Umrissbild ein, wie das Kind unter der Decke liegt!
3. Male die umliegenden Gegenstände dazu!

## 5.5 Die „Dritte Welt" deckt uns den Tisch

### Kompetenz
Die Sch kennen an konkreten Beispielen die Verflochtenheit von Erster und Dritter Welt.

### Vorbereitung
- L besorgt die Requisiten (**B1**) für das szenische Spiel „Die 3. Welt deckt uns den Tisch".

### Einstieg
- L stellt Tisch und Stühle für das szenische Spiel bereit und deckt den Tisch mit den Requisiten. Sch betrachten den gedeckten Tisch und stellen Vermutungen an.
- L: „Diese Gegenstände sind die Requisiten für ein szenisches Spiel."

### Szenisches Spiel
- L verteilt das szenische Spiel „Die ‚Dritte Welt' deckt uns den Tisch" (**B2**) an die Sch.
- L verteilt Rollen: Vater, Mutter, Sohn, Tochter und einen Regisseur.
  Der Vater nimmt am Tisch Platz, der Regisseur setzt sich an das Lehrerpult, Mutter, Sohn und Tochter stehen an der Seite.
- Die Spieler lesen ihre Rollen und setzen sie spontan in Mimik und Gestik um. Der Regisseur liest die Regieanweisung in den Klammern.
- Beobachtungsauftrag für die Klasse: L: „Achtet darauf, was die Spieler gut vortragen bzw. umsetzen."
- Evtl. wird das szenische Spiel mit anderer Besetzung ein zweites Mal gespielt.

### Erarbeitung
- L: „Über welche Fragen könnte die Familie reden?"
- L notiert die Fragen der Sch auf Wortkarten und hängt sie an die Pinnwand. Erwartungen: Warum geht es den Ländern so schlecht, obwohl sie uns so viele Dinge liefern? – Was können wir tun, damit es ihnen besser geht? – Was tut die Kirche gegen dieses Unrecht?
- L: „In der nächsten Stunde versuchen wir, diese Fragen zu beantworten."

### Umsetzung
- L schlägt Aufführung (vor anderen Klassen, beim Elternabend, im Rahmen eines Gottesdienstes, Seniorennachmittag, ...) vor.
- Ein Besuch in einem Eine-Welt-Laden wäre eine gute Weiterführung. Ggf. werden „Eine-Welt-Beauftragte" aus der Pfarrgemeinde eingeladen.

---

**B1**

**„Die ‚Dritte Welt' deckt uns den Tisch" – Requisiten**

- ein Tisch
- drei Stühle
- Tischdecke
- Blumenvase mit Schnittblumen
- Zeitung
- Kaffeekanne
- zwei Kaffeetassen
- Geschichtsbuch
- Tablett
- Tasse
- Müsli
- Päckchen Kakao
- Pfefferstreuer
- Ei im Eierbecher
- drei Platzsets
- ein Schwammtuch
- Äpfel
- Bastkörbchen mit Obst (Banane, exotische Früchte)
- Fön
- Bürste

# Die „Dritte Welt" deckt uns den Tisch – Szenisches Spiel

*Der Vater sitzt am Frühstückstisch und liest noch etwas verschlafen in der Zeitung. Die Mutter steht in der Küche und bereitet gerade das Frühstück vor.*

**Vater** *(ruft)*: Ist der Kaffee schon fertig?

**Mutter** *(bringt die Kaffeekanne herein und schenkt dem Vater und sich ein)*: Na, steht etwas Interessantes in der Zeitung?

**Vater:** Nur das Übliche. *(Er trinkt einen Schluck Kaffee und lebt sichtlich auf.)* Ach ja, es gibt doch nichts Schöneres als den Tag mit einer guten Tasse Kaffee zu beginnen.

**Mutter:** *(trinkt auch, nickt und geht wieder in die Küche.)*

**Vater:** *(liest in der Zeitung und schüttelt hin und wieder den Kopf beim Lesen.)*

**Sohn** *(kommt hereingeschlurft mit einem Buch unter dem Arm)*: Morgen! *(Er setzt sich hin und liest im Buch.)*

**Vater** *(sieht nicht auf von der Zeitung)*: Morg'n.

**Mutter** *(kommt mit einem beladenen Tablett herein)*: Guten Morgen, mein Junge. Hier dein Kakao. Pass auf, er ist noch heiß. *(Sie räumt das Tablett ab.)*

**Sohn:** Du Papa, darf ich dich mal etwas fragen?

**Vater** *(sieht von der Zeitung auf)*: Was denn?

**Sohn:** Wir reden im RU gerade über die Dritte Welt. Warum sagt man „3. Welt" überhaupt?

**Vater** *(denkt nach)*: Hmm, keine Ahnung! Jedenfalls meint man damit die unterentwickelten armen Länder.

**Sohn:** Ach so.

**Mutter:** Du solltest eben besser im Unterricht aufpassen.

**Vater** *(schaut sich suchend auf dem Tisch um)*: Wo ist denn der Pfeffer? Du weißt doch, dass ich mein Ei nicht ohne Pfeffer essen kann.

**Mutter:** Ich hole ihn gleich.

**Sohn** *(verschüttet etwas Kakao)*: Au, ist der heiß.

**Mutter:** Die schöne Tischdecke! Ein Glück, dass das Platzset da liegt. *(Sie holt ein Schwammtuch und den Pfefferstreuer.)*

**Sohn:** Mama, machst du mir ein Pausenbrot?

**Mutter:** Eigentlich könntest du das selber machen. Und nimm dir einen Apfel mit, die sind aus Omas Garten.

**Sohn:** Och nee, ich nehme lieber eine Banane.

**Vater:** Ihr esst immer das leckere Obst, und ich muss mich für Omas wurmige Äpfel opfern.

**Mutter:** Du weißt doch, dass sie keine Chemikalien spritzen will wegen ihrer Gesundheit. Ich kann ja Apfelmus daraus machen.

**Vater** *(liest wieder in der Zeitung, plötzlich verfinstert sich sein Gesicht)*: Jedes Jahr das gleiche Theater! Jetzt melden die schon wieder Hungerkatastrophen und wir sollen spenden. Weil es uns doch so gut geht. Ha, dass ich nicht lache.

**Mutter:** Reg dich doch nicht auf deswegen. Was sollen wir denn spenden? Vielleicht brauchen sie auch Kleidung? Du hast doch den grauen Anzug, der dir viel zu eng geworden ist!

**Vater:** Kommt nicht in Frage! Ein paar Kilo abgenommen, und er passt wieder wunderbar. Außerdem glaube ich, dass die lieber Geld von uns wollen.

**Mutter:** Du bräuchtest nur nicht so häufig zum Stammtisch gehen und dort so viel Geld ausgeben.

**Vater:** Ach, und dein Friseur jeden Monat ist auch nicht gerade billig. Und die Tennisstunden von unserem Herrn Sohn?

**Mutter:** Ja, ja, schon gut.

**Sohn:** Weil wir gerade vom Tennis sprechen: Ich bräuchte neue Tennisschuhe, meine sind total out!

**Vater:** Darüber reden wir ein andermal. Ich sehe es grundsätzlich nicht ein, mein hart erarbeitetes Geld fremden Leuten in den Rachen zu stopfen. Die sollten endlich einmal richtig arbeiten. Uns hilft doch auch niemand. Ständig sollen wir etwas für die tun, was tun die denn schon für uns?

**Tochter** *(kommt mit Fön und Bürste aus dem Badezimmer)*: Also das kann man ja nicht

**Vater:** mehr mit anhören. Ihr habt ja keine Ahnung.
**Tochter:** Ach, aber du weißt alles.
**Tochter:** Ich weiß jedenfalls, dass es nicht stimmt, dass die Menschen in den ärmeren Ländern faul sind. Sie tun sogar eine ganze Menge für uns, auch für euch.
**Sohn:** Pah, was denn schon?
**Vater:** Das würde mich auch interessieren, was die für uns tun.
**Tochter:** Ihr braucht euch doch nur einmal auf dem Frühstückstisch umzusehen!
**Mutter:** Ich weiß nicht ganz, was du meinst.
**Tochter:** Zum Beispiel euer heiß geliebter Kaffee. Was meint ihr, wo der herkommt?
**Mutter:** Ich kaufe ihn immer ganz billig im Supermarkt.
**Tochter:** Das ist das Problem, nur wenige machen sich Gedanken. Stellt euch einmal vor, es gäbe keine Produkte aus der Dritten Welt bei uns zu kaufen: Als Erstes muss dann der Kaffee vom Tisch! *(Sie gießt den Inhalt der Tassen in die Kanne und stellt diese zur Seite.)* Und Kakao hätten wir auch nicht!
**Sohn:** Er war mir eh zu heiß.
**Tochter:** Ach ja, dein Ei müsstest du ohne Pfeffer essen. *(Sie nimmt den Pfefferstreuer vom Tisch.)* Und du könntest die wurmigen Äpfel von uns essen, denn Bananen kommen aus Dritte-Welt-Ländern. *(Sie schaut dabei zum Sohn und nimmt die Bananen vom Tisch.)* Überhaupt sehe ich noch einiges in der Obstschale, was aus Entwicklungsländern kommt. *(Sie drückt dem Sohn die Äpfel in die Hand und nimmt das Obstkörbchen in die eigene.)* Solche Körbchen werden dort noch von Hand gemacht. Weg damit!
**Sohn:** Das habe ich gar nicht gewusst.
**Tochter:** Siehst du! Etwas Neues dazugelernt. In deinem Müsli sind auch viele Nüsse und Trockenfrüchte, die wir einführen. *(Sie stellt das Müsli weg.)*
So, Mama, jetzt zu dir: Viele Schnittblumen kommen aus Entwicklungsländern. Die Arbeit auf den Feldern ist schlecht bezahlt und ungesund. *(Sie nimmt die Blumen aus der Vase und drückt der Mutter die Vase in die Hand.)* Die Tischdecke und die Untersetzer hat dir Oma geschenkt, sie sind auch nicht bei uns hergestellt worden. *(Sie zieht vorsichtig die Decke vom Tisch und nimmt die Platzsets auch mit weg.)* Na, jetzt schaut einmal, was noch übrig bleibt.
**Vater:** Na ja, ich muss zugeben, viel ist nicht mehr da. Da hast du schon recht.
**Mutter:** Ich kann mir gar nicht vorstellen, auf Kaffee verzichten zu müssen.
**Sohn:** Und ich möchte nicht dauernd Omas Äpfel essen.
**Tochter:** Seid ihr immer noch der Meinung, dass die Menschen in den Dritte-Welt-Ländern nichts für uns tun? – Ich könnte sogar noch den Tisch und die Stühle wegstellen, es werden auch viele Hölzer zu uns geliefert. *(Sie zieht den Tisch und die Stühle weg.)*
**Sohn:** Das wissen doch bestimmt nicht viele, dass so viele Dinge aus diesen Ländern kommen. Das muss ich mal in der Klasse erzählen.
**Tochter:** Das könntest du ruhig machen.
**Vater:** Dann verstehe ich aber nicht, warum es den Leuten dort so schlecht geht, wenn sie so viele Dinge selber haben.
**Mutter:** Genau, wie gibt's das?
**Tochter:** Da gibt es viele Gründe dafür. Aber wir sollten uns zusammensetzen und darüber reden.

## 5.6 Kirche hilft – z. B. Misereor

### Kompetenz
Die Sch kennen Projekte und Programme, mit denen sich die Kirche für Arme, Notleidende und Unterdrückte einsetzt.

### Vorbereitung
- L besorgt ein aktuelles Misereorplakat (Pfarrbüro, Eine-Welt-Laden, www.misereor.de), evtl. weitere Misereor-Materialien und einen Film bzw. eine CD-ROM **(B1)**.

### Motivation/Themenfindung
- L hängt aktuelles Misereor-Plakat an TA. Dabei wird der Schriftzug „Misereor" abgedeckt. Sch beschreiben das Plakat und stellen Vermutungen an.
- L deckt Schriftzug „Misereor" auf und erklärt die Wortbedeutung („Ich erbarme mich.").

### Begegnung
- L: „Seit 1959 fördert Misereor, eine Hilfsorganisation der katholischen Kirche, Entwicklungsprojekte in Afrika, Asien und Lateinamerika, insgesamt 80.000. Jedes von Misereor bewilligte Projekt ist zeitlich befristet. Es geht immer um Hilfe zur Selbsthilfe. Mehr dazu erfährst du im folgenden Film."
- Sch betrachten einen Film/CD-ROM **(B1)**.

### Erarbeitung
- Sch sammeln Eindrücke zum Film: Mich hat besonders beeindruckt …

### Alternative zum Film
- Sch lesen Text **(B2)**.
- L: „Was geht euch durch den Kopf, wenn ihr das lest?"
- L: „Neben diesem Projekt unterstützt Misereor noch zahlreiche andere. Einige Beispiele seht ihr auf der Folie." **(B3)**

### Sicherung (evtl. als Hausaufgabe)
- Sch füllen Lückentext aus. Lösung vgl. **B3**.

---

**B1**

### Misereor – Solidarisch mit den Armen – weltweit – Kurzfilm (Video)

**Inhalt:** Seit 1958 gibt es die Fastenaktion MISEREOR und das Bischöfliche Hilfswerk, das in den Ländern der sog. Dritten Welt solidarisch Hilfe zur Selbsthilfe leistet. Über die Gründung und Entwicklung des Hilfswerkes, die Herkunft und den Einsatz seiner Mittel und über die Grundlagen und den inhaltlichen Ansatz seiner Arbeit berichtet der Film. Was mit der „Option für die Armen" gemeint ist, verdeutlichen einige konkrete Projektberichte (u. a. Fairer Handel, Kinderarbeit in den Teppichfabriken).
*Einsatz: ab 12 J. – Laufzeit: 22 min – Farbe: ja – 1998w*

### Die faire Scheibe – CD-ROM

Die Multimedia-CD bringt den Alltag benachteiligter Produzentengruppen in Lateinamerika, Afrika und Asien nahe. Videoausschnitte, Diaserie und interaktiv aufbereitete Hintergrundinfos rund um das Thema fairer Handel werden ergänzt durch konkrete Aktionsvorschläge für engagierte Gruppen und Einzelpersonen – und durch Spiele für Jung und Alt. Sogar an leckere Kochrezepte wurde gedacht.
*2000, ab 12 J.*

### Die süße Scheibe von TransFair – CD-ROM

Einfach gestrickte CD-ROM mit Informationen über den fairen Handel mit Schokolade, Bonbons und Kakao: Memory-Spiel, Kurzfilm, Quiz, Schokoladenrezepte, Foto- und Malbuchvorlagen, Fragen zum Schokoladenhandel, Diashow mit TransFair-Infos, kleines Kochbuch, Offline-TransFair-Website mit Infos zu allen TransFair-Produkten.
*1998, ab 12 J.*

# Kirche hilft – z. B. Misereor

B2

Seit 1959 fördert Misereor Entwicklungsprojekte in Afrika, Asien und Lateinamerika, insgesamt 80.000. Jedes von Misereor bewilligte Projekt ist zeitlich befristet. Es geht immer um Hilfe zur Selbsthilfe. Ein Beispiel:

„Wir haben zwei Töpfe, zwei Teller, ein Glas für die ganze Familie. Ansonsten nur das, was wir am Leib tragen: meine Kinder und ich je einen Pullover, meine Frau zwei Saris.

Für die Nacht haben wir eine Jutedecke. Damit decken wir uns zu, die ganze Familie. Sonst haben wir nichts", antwortet Thaibur Rahman auf die Frage, was er denn besitze. Den Lebensunterhalt für sich und seine Familie verdient er als Kleinhändler mit dem Verkauf von Betelnüssen und Billigzigaretten. Der Erlös liegt bei 25 Thakas am Tag, das sind umgerechnet etwa 60 Cent. Für 15 Thakas kann man ein Kilo Reis kaufen. Auf dem Innenhof zwischen den beiden winzigen Lehmhäusern, die Thaibur Rahman mit seiner fünfköpfigen Familie und einem jüngeren Bruder bewohnt, kann seine Frau noch ein bisschen Gemüse anpflanzen.

So wie Thaibur Rahman lebt die große Masse der Bevölkerung in Bangladesh.

Ursachen dieser nach unseren Maßstäben unvorstellbaren Armut sind nicht nur die häufigen Flutkatastrophen und das hohe Bevölkerungswachstum.

Schwerer noch wiegt die extrem ungerechte Land- und Einkommensverteilung, die immer mehr Menschen die Lebensgrundlage entzieht. Durchgreifende Reformen zu deren Überwindung sind nicht in Sicht, im Gegenteil: Die Tendenz zur Vermögenskonzentration ist steigend, denn die politischen und sozialen Verhältnisse werden ausschließlich von den Reichen bestimmt.

Angesichts dieser Situation kommt es darauf an, so die Caritas Bangladesh, dass die Armen nicht nur Überlebenshilfen bekommen, sondern Selbstbewusstsein entwickeln und sich organisieren, „damit sie endlich über sich selbst entscheiden können". Hierzu hat die Caritas, der wichtigste Partner Misereors in Bangladesh, ein Programm entwickelt, das beides, direkte Hilfe und Anstoß von Entwicklungsprozessen, miteinander verbindet. Gearbeitet wird nach dem Cash-for-Work-Prinzip: Es gibt bares Geld für Arbeitsleistungen. So können tausende arbeitslose Tagelöhner und deren Familien wieder etwas kaufen und damit überleben. Zugleich werden ihre Rahmenbedingungen verbessert: z.B. werden Fischteiche angelegt, Straßen und Brücken gebaut oder repariert, Kanäle gezogen, Trinkwasserbrunnen gegraben, Latrinen errichtet oder Versammlungsräume für die Dorfbewohner gebaut. Nach der Hochwasserkatastrophe im Sommer 1998 hat die Caritas Bangladesh ihre Programme beträchtlich ausgeweitet, nachdem Misereor zusätzlich 500 000 € bereitgestellt hatte. Viele beschädigte bzw. zerstörte Einrichtungen konnten damit bereits wiederhergestellt werden. Darüber hinaus wurde Saatgut an Kleinbauern verteilt, die durch die Flut zwei Ernten verloren hatten. Die von Cash-for-Work gezahlten Löhne haben örtliche Wirtschaftskreisläufe mit angekurbelt und so dazu beigetragen, dass viele Menschen wieder eine Existenzgrundlage finden konnten.

5. Not hat viele Gesichter – bei uns und anderswo

**Neben diesem Projekt unterstützt Misereor noch zahlreiche Programme. Einige Beispiele:**

B3

- Förderung einer umweltverträglichen Land- und Forstwirtschaft zur **Ernährungssicherung**

- Unterstützung der Arbeit von Ruth Pfau im Kampf gegen **Lepra**

- Befreiung und Unterstützung von **Kindersklaven** der Teppichindustrie

- Hilfe für **Kinderprostituierte**

- Sojaanbau: eine Chance zur Überwindung von Unter- und **Mangelernährung**

- Ausbildung verarmter Kleinbauern in modernen **Landwirtschaftsmethoden**

- **Brunnenbau**programme

- Wiedereingliederung und Ausbildung von ehemaligen **Kindersoldaten**

- Betreuung und **Ausbildung** von Straßenkindern

- Errichtung und Unterhaltung von **Schulen** für Kinder armer Familien

- Ganzheitliche **Aids**-Bekämpfung

# Kirche hilft – z. B. Misereor

Seit 1959 fördert Misereor Entwicklungsprojekte in Afrika, Asien und Lateinamerika, insgesamt 80.000. Jedes von Misereor bewilligte Projekt ist zeitlich befristet. Es geht immer um Hilfe zur *Selbsthilfe*.

**Misereor unterstützt zum Beispiel folgende Projekte:**

- Förderung einer umweltverträglichen Land- und Forstwirtschaft zur E_____
- Unterstützung der Arbeit von Ruth Pfau im Kampf gegen L_____
- Befreiung und Unterstützung von K_____ der Teppichindustrie
- Hilfe für K_____
- Sojaanbau: eine Chance zur Überwindung von Unter- und M_____
- Ausbildung verarmter Kleinbauern in modernen _____
- _____ programme
- Wiedereingliederung und Ausbildung von ehemaligen _____
- Betreuung und _____ von Straßenkindern
- Errichtung und Unterhaltung von _____ für Kinder armer Familien
- Beratungs- und Gesundheitsarbeit
- Ganzheitliche _____
- Bekämpfung

 Setze die Lückenwörter in den Text ein!

**Lückenwörter:** Aids- / Arbeit / Ausbildung / berufliche / Brunnenbau- / Ernährung / Ernährungssicherung / Frauen / 1959 / Jugendlichen / Kinderprostituierte / Kindersklaven / Kindersoldaten / Landwirtschaftsmethoden / Lepra / 80 000 / Mädchen / Mangelernährung / Schulen / Selbsthilfe

# Bild- und Textquellen

## Bild- und Textquellen zu „Neu anfangen – In der Klasse miteinander leben"

| 1.1 Lied | „Volltreffer": T u. M: Daniel Kallauch, © cap!-music, Haiterbach-Beihingen |
|---|---|
| 1.2 Lied | „Halte zu mir, guter Gott": T: Rolf Krenzer, M: Ludger Edelkötter, KiMu Kindermusik Verlag GmbH, Pulheim, in: EL RS 5, Lehrerband, S. 21 |
| 1.3 Foto | Foto: http://upload.wikimedia.org/wikipedia/commons/3/3a/Erdfunkstelle_Fuchsstadt%2C_Antennenfeld_zwei%2C_2.jpg |
| 1.4 Bild **B5** | Gruppenbild: W. Rieß/J. Ruf/R. Schlereth, Folienmappe EinFach Leben, 5. Jahrgangsstufe, Donauwörth (Auer) 2000, 18 Farbfolien mit Erläuterungen |
| 1.4 Bild **B1** | Bild Fingerabdruck: Inka Schmidt, © Fotolia.com |
| 1.4 Text **B4** | Text Columbin: aus Peter Bichsel: „Kindergeschichten". Frankfurt 1988: Luchterhand Literaturverlag. |
| 1.6 Bilder **B2–B5** | EL RS 5, Lehrerband, **S. 30** |
| 1.7 Bild **B1** | W. Rieß/R. Schlereth, EinFach Leben, Unterrichtswerk für den katholischen Religionsunterricht in der 5. Jahrgangsstufe der Realschule, Donauwörth (Auer) 2007 (= EL RS 5) **S. 22** |

## Bild- und Textquellen zu „Sich auf den Weg machen – Abraham und Sara"

| 2.1 Bild **B2** | EL RS 5 S. 21 |
|---|---|
| 2.2 Bilder **B2** und **B4** | Foto aus EL HS 5, Folienmappe |
| 2.3 Bild **B3** | Foto aus EL HS 5, Folienmappe |
| 2.3 Lied **B1** | „Hilf uns glauben wie Abraham": M: Kathi Stimmer-Salzeder, „Unterwegs", Musik und Wort Verlag, Aschau Zeichnungen aus: EL RS 5 **S. 80f.** B5: EL HS 5, Folienmappe, S. 29 |
| 2.3 Bilder **B2** | W. Rieß/R. Schlereth, EinFach Leben, Unterrichtswerk für den katholischen Religionsunterricht in der 6. Jahrgangsstufe der Realschule, Donauwörth (Auer) 2007 (= EL RS 6) **S. 80** |
| 2.3 Bilder Arbeitsblatt | EL RS 5 S. 80 und Foto aus EL HS 5, Folienmappe |
| 2.4 Bild **B3** | Rembrandt, Abraham bewirtet die drei Engel; Holztafel; 16 x 21 cm; signiert und datiert: Rembrandt f. 1646; New York, Sammlung Mrs. C. von Pannwitz |
| 2.5 Liedtext **B4** | Reinhard Mey, „Zeugnistag" aus: „Alle Lieder" Maikäfer Musik Verlagsgesellschaft mbH Berlin |
| 2.6 Bild **B1** | EL HS 5, Folienmappe |
| 2.6 Bild **B3** | Rudolf Büder: Die Verheißung an Abraham aus: EL RS 5 **S. 90** |
| 2.7 Bildausschnitt **B2** und ganze Abb. | Rembrandt van Rijn: Die Opferung Isaaks ... 1635 malte Rembrandt – wohl als Auftragsarbeit – das Bild der Opferung Isaaks ... (c) Christoph Ranzinger |
| 2.7 Lied **B4** | „Ich hab einen Gott, der anders ist": T: Rolf Krenzer, M: Peter Janssens, © Peter Janssens Musik Verlag, Telgte/Westfalen |
| 2.8 Bild **B1** | Foto aus EL HS 5, Folienmappe |

# Bild- und Textquellen

## Bild- und Textquellen zu „Jesus von Nazaret – Wer war er wirklich?"

| | |
|---|---|
| 3.1 Bild **B1** | EL HS 5, Folienmappe |
| 3.2 Texte und Bilder **B2** | EL RS 6 S. 41–44 |
| 3.3 Bild **B1** | EL RS 6 S. 48 |
| 3.4 Karikatur **B1** | W. Rieß/R. Schlereth, Lehrerband EinFach Leben, Unterrichtswerk für den kath. Religionsunterricht in der 5. Jahrgangsstufe der Hauptschule, Donauwörth (Auer) 2000 (Lehrerband EL HS 5) **S. 103** |
| 3.4 Texte **B2a–c** | EL HS 5 S. 63–65 |
| 3.4 Bild **B1** | Lehrerband EL HS 5 **S. 103** |
| 3.5 Bild **B1** | EL RS 6 S. 53 |
| 3.5 Bild **B2** | EL RS 6 S. 54 |
| 3.5 Texte **B3** | EL RS 6 S. 54–55 |
| 3.6 Bilder **B1a–b** | EL RS 6 S. 59 |
| 3.6 Passionsspiel **B2** | EL RS 6 S. 57–63 |
| 3.7 Bild **B2** | Matthias Grünewald, Kreuzigung Christi (Ausschnitt) Isenheimer Altar, 1512-1516, Öl auf Holz, Colmar |
| 3.7 Texte **B3** und **B5** | EL RS 6 S. 64–65 |
| 3.8 Text **B1** | Lehrerband EL HS 5 **S. 111** |
| 3.8 Text **B3** | EL RS 6 S. 67 |
| 3.8 Text **B4** | EL RS 6 S. 68–69 |
| 3.8 Bilder **Arbeitsblatt** | EL RS 6 S. 66 |

## Bild- und Textquellen zu „Feste und Feiern – Das Kirchenjahr"

| | |
|---|---|
| 4.1 Bild **B1** | Verlagsarchiv |
| 4.1 Bild **B2** | Paula Modersohn-Becker: Kopf eines kleinen Mädchens, um 1902, http://upload.wikimedia.org/wikipedia/commons/3/38/Paula_Modersohn-Becker_011.jpg |
| 4.1 Text **B2** | EL RS 6 S. 99 |
| 4.2 Foto **B1a** | Verlagsarchiv |
| 4.2 Fotos **B1b** und **B2** | © www.fotolia.com |
| 4.2 Lied | Text: Josef Metternich Team; Melodie: Peter Janssens aus: Wir haben einen Traum, 1972 © Peter Janssens Musik Verlag, Telgte |
| 4.4 Fotos zu **B3** bis **B4** | Adventskranz: http://upload.wikimedia.org/wikipedia/commons/9/9d/Advent_wreath.jpg<br>Adventskalender: http://upload.wikimedia.org/wikipedia/commons/d/da/Adventkalender_andrea.JPG |
| 4.4 Texte **B2-B5** | EL RS 6 S. 105 |
| 4.5 Bilder **B1** | Weihnachtsbaum: http://upload.wikimedia.org/wikipedia/commons/f/ff/Juletr%C3%A6et.jpg<br>Geschenke: © www.fotolia.com Fotograf: Frank Boston |
| 4.5 Text **B2** | Gudrun Pausewang, Müllgeschenke. In: Dietrich Steinwede und Sabine Ruprecht (Hg), Vorlesebuch Religion 3, Kaufmann-Verlag 1992. |

# Bild- und Textquellen

| 4.5 Karikatur **B3** | EL RS 6 **S. 107** |
|---|---|
| 4.5 Text **B4** | EL RS 6 **S. 106–107** |
| 4.6 Text **B2** | EL RS 6 **S. 109** |
| 4.6 Foto **B1** | http://upload.wikimedia.org/wikipedia/de//2/24/Br.-Pauler.jpg |
| 4.6 Text **B1** | EL RS 6 **S. 109–110** |
| 4.6 Text **B2** | EL RS 6 **S. 109** |
| 4.6 Text **B3** | EL RS 6 **S. 111** |
| 4.7 Texte und Bilder **B2–4** | EL RS 6 **S. 113–116** |
| 4.8 Erzählvorlage **B1** | EL HS 5 **S. 79** |
| 4.8 Lied/Tanz **B2** | „Wir preisen deinen Tod" von Michel Wackenheim, Christine Gaud, aus „Mein Kanonbuch" (1986) © Rechte für Text und Musik: Groupe Fleurus-Mame, Paris; Rechte für die Übersetzung: tvd-Verlag Düsseldorf |
| 4.8 Text **B3** | EL RS 6 **S. 117–118** |
| 4.9 Bilder **B1a und B1b** | W. Rieß/R. Schlereth, Folienmappe EinFach Leben, 8. Jahrgangsstufe, Donauwörth (Auer) 2008, 18 Farbfolien mit Erläuterungen |
| 4.9 Text **B2** | EL RS 6 **S. 122** |

## Bild- und Textquellen zu „Not hat viele Gesichter – bei uns und anderswo"

| 5.1 Bilder **B1 und B4** | Kinderarmut: http://upload.wikimedia.org/wikipedia/commons/f/f7/Jakarta_slumlife54.JPG „Foto", Installation © Martin Honert, 1993, Quelle: Skd, Dresden Bild aus: Folienbilder zu R. Schlereth, Ich fang' neu an jeden Tag, Auer-Verlag – Arme Kinder, Foto von Rainer Binder, München, aus: Benediktinerabtei (Hrsg.): Münsterschwarzacher Bildkalender. Münsterschwarzach |
|---|---|
| 5.2 Bild **B1** | Verlagsarchiv |
| 5.2 Bilder **B3** | EL HS 5 **S. 104** |
| 5.2 Lied **B4** | „Jesus wohnt in unsrer Straße": T: Rudolf Otto Wiemer, M: Ludger Edelkötter, KiMu Kindermusik Verlag GmbH, Pulheim |
| 5.3 Foto **B1** | EL HS 5 **S. 102** |
| 5.4 Bild **B1** | Foto aus EL HS 5, Folienmappe |
| 5.6 Bild **Arbeitsblatt** | http://upload.wikimedia.org/wikipedia/commons/6/6d/Child_worker.jpg |

## Bilder der Folienmappen

### 5. Jahrgangsstufe

1. Gruppenbild von allen Schülern einer Schule (Foto)
2. Ein Frosch in der Hand eines Menschen - „Leben lassen" (Fotostillleben)
3. Zieh weg aus deinem Land! (Filmszenenfoto)
4. Abraham und Lot (Filmszenenfoto)
5. Abraham und Sarah (Filmszenenfoto)
6. Anita Rée - Teresina
7. Zur Ruhe kommen (Fotostillleben)
8. Erdfunkstelle Fuchsstadt - „Auf Empfang"
9. Martin Schongauer - Christi Geburt
10. Rembrandt - Jesus
11. Jesus wird abgelehnt (Filmszenenfoto)
12. Baustil Romanik: St. Michaelskirche Fulda; Baustil Gotik: Kölner Dom
13. Baustil Barock: Kirche von Ottobeuren; Baustil modern: Kirche in Ronchamp
14. Kind im Müll unter einer Decke (Foto)
15. Missioplakat 1985 – „Kinderwelten"
16. Beate Heinen - Das Gleichnis vom Barmherzigen Samariter I
17. Beate Heinen - Das Gleichnis vom Barmherzigen Samariter II
18. Pedro Almanzar „Mein Zuhause ist die Straße"- „Ich muss betteln" (Buchillustrationen)

### 6. Jahrgangsstufe

1. Christo und Jeanne-Claude - Verhüllte Küste
2. Caspar David Friedrich - Morgen im Riesengebirge
3. Arnulf Rainer - Mose vor dem brennenden Dornbusch
4. Sieger Köder - Elija am Horeb
5. Hildegard von Ringen - Die wahre Dreiheit in der wahren Einheit
6. Römische Segelschiffe
7. Römisches Reich - Ausbreitung des Christentums (Karte)
8. Legende der Kreuzesvision des Kaisers Konstantin (Miniatur)
9. Salvador Dali - Die Beständigkeit der Erinnerung oder Die zerrinnende Zeit
10. Keith Haring - Medien-Gewalt
11. Karl Hofer - Der Rufer
12. Sederabend und Sedermahl am Paschafest
13. Mauerspecht an der die Berliner Mauer (Foto)
14. Heißluftballone (Foto)
15. Salvador Dali - Meditative Rose
16. Walter Uihlein - Symbole im Märchen „Frau Holle"
17. Ulrich Martini - Es begab sich zu der Zeit
18. Rembrandt - Auferstehung Christi

Best.-Nr. **3042**

Best.-Nr. **3043**

# Bilder der Folienmappen

## 7. Jahrgangsstufe

1. Salvador Dali - Das Abendmahl (Ausschnitt)
2. Schatzkammer Evangeliar (Aachen) - Die vier Evangelisten (Buchmalerei)
3. Edward Hicks - Das Königreich des Friedens
4. Willy Fries - Das große Gastmahl
5. Jeff Wall – A fight on the Sidewalk
6. Frauen aus Kabul (Foto)
7. Türkische Speisen und Getränke (Foto)
8. Freitagsgebet in der Moschee (Foto)
9. Große Moschee in Damaskus - Innenansichten (Foto)
10. Die Kaaba in Mekka (Foto)
11. Katharina Fritsch - Tischgesellschaft (Detailansicht)
12. Thomas Ruff - Porträt S. Buch
13. Gefangener Vogel im Netz (Foto)
14. Jonathan Borofsky - Man walking to the sky (Großplastik)
15. Ugo Rondinone - Heyday (Skulptur)
16. Bildschnitzer Lothar Bühner (Foto)
17. Innenansicht der evangelischen Kirche St. Johannes in Regensburg; Innenansicht (Ikonostase) der orthodoxen Kirche hl. Maria Magdalena in Darmstadt
18. Uwe Pfeifer - Tischgespräch mit Luther

## 8. Jahrgangsstufe

1. Katharina Fritsch - Mann und Maus
2. Wahrsagerin (Foto)
3. René Magritte - Das Reich der Lichter
4. Alte und pflegebedürftige Menschen (Fotos)
5. Vincent van Gogh - Der gute Samariter
6. Mädchen und Junge (Fotos)
7. Mädchen hinter einer Hecke (Diamontage)
8. Roy Lichtenstein - Hopeless
9. Tefillin, Tallit, Zizit und Kippa (Foto)
10. Ernst Alt - Jude mit Tora
11. Stubenfliege (Foto)
12. Oskar Schlemmer - Tierparadies
13. Duane Hanson - Young Worker
14. Rien Poortvliet – Maria - Ankündigung der Geburt Jesu
15. Himmelstreppen (Fotomontage)
16. Beate Heinen - Noch leuchtet der Stern
17. Eugène Burnand - Am Morgen der Auferstehung
18. Thomas Zacharias
    a. Jesus sendet den Heiligen Geist
    b. Aussendung des Geistes
    c. Pfingsten

Best.-Nr. **3705**

Best.-Nr. **4306**

2.8. Juni 2010

# Auer

## Auer empfiehlt

## Die optimale Ergänzung zu diesem Buch:

88 S., DIN A4
▸ Best-Nr. **4921**

Stephan Sigg

### Feste feiern im Kirchenjahr
Entstehung, Bedeutung und Brauchtum kreativ erarbeiten

▸ In einem Band: Alle Feste des Kirchenjahres kennenlernen, erleben und mitgestalten!

Was feiert man eigentlich an Pfingsten? Seit wann gibt's Erntedank? Und was hat der Valentinstag mit der Kirche zu tun?

Mit diesen Unterrichtsvorschlägen und Materialien erarbeiten sich Ihre Schüler/-innen ein Überblickswissen über kirchliche Fest- und Feiertage. Sie erfahren nicht nur, seit wann und warum bestimmte Feste gefeiert werden, sondern auch mit welchen Symbolen, Riten und Gebräuchen. Durch Geschichten, Rätsel, Spiele, Bastelideen und Raps sowie das eigene Mitgestalten von Festen und Gottesdiensten werden diese Inhalte für Ihre Schüler/-innen erfahrbar. Die wichtigsten Fakten prägen sich so viel besser ein, und Ihr Religionsunterricht wird zusätzlich zu einem Erlebnis!

Die Materialien decken das gesamte katholische und protestantische Kirchenjahr ab und können nicht nur im Rahmen einer Unterrichtsreihe, sondern auch zwischendurch eingesetzt werden, je nachdem welcher Feiertag gerade ansteht.

**WWW.AUER-VERLAG.DE WEBSERVICE**

www.auer-verlag.de/go/-

**4921** ←

Blättern im Buch

Download

Leseprobe

Hörprobe

---

### Weiterer Titel der Reihe „Sternstunden Religion"

Wolfgang Rieß /
Reinhard Schlereth
**Sternstunden Religion**
Besondere Ideen und Materialien zu den Kernthemen der Klassen 7/8
128 S., DIN A4
▸ Best-Nr. **6118**

**Behandelte Themen:**
▸ Sehnsucht nach einer neuen Welt – Jesu Botschaft vom Reich Gottes
▸ Nachgeben oder sich durchsetzen – Mit Konflikten umgehen lernen
▸ Auf der Suche nach Orientierung – die 10 Gebote
▸ Zeichen einer tieferen Wirklichkeit – Symbole und Sakramente

---

## Bestellschein (bitte kopieren und faxen/senden)

Ja, bitte senden Sie mir gegen Rechnung:

| Anzahl | Best.-Nr. | Kurztitel |
|---|---|---|
| | 6118 | Sternstunden Religion 7/8 |
| | 4921 | Feste feiern im Kirchenjahr |

☐ Ja, ich möchte per E-Mail über Neuerscheinungen und wichtige Termine informiert werden.

_____
E-Mail-Adresse

**Auer Verlag GmbH**
Postfach 1152
86601 Donauwörth

**Fax: 09 06 / 73-177**
oder einfach anrufen:
Tel.: 09 06 / 73-240
(Mo-Do 8:00-16:00 & Fr 8:00-13:00)
E-Mail: info@auer-verlag.de

Aktionsnummer: 94180

**Absender:**

Vorname, Nachname

Straße, Hausnummer

PLZ, Ort

Datum, Unterschrift